Das Krisen – Überlebens – Buch

für Veganer

mit großem Rezeptteil

AF176680

von Johannes Allgäuer

Impressum:

Herstellung und Verlag: Books on Demand, Norderstedt

ISBN 978-3-7526-8705-7

1. Auflage 2020

Vorwort:

Dieses Buch ist für alle Veganer ein Must-have Buch für Krisensituationen oder andere Umstände, in denen sie nicht wie gewohnt leben und kochen können.

Da wir gerade mitten in einer Krise stecken und wir hier eine verschärfte Ausgangssperre haben, habe ich Zeit, mein Krisenbuch für Veganer, inklusive der vielen erprobten Rezepte, zu schreiben. Gekocht wurde auf einem Camping-Gasherd/kocher oder auf dem Holzkohle-Ofen daheim.

Im Vorfeld, also schon im Januar und Februar, war abzusehen, dass etwas Größeres kommen kann und wir haben entsprechend vorgesorgt. Manche nennen es hamstern, ich nenne es praktische Vorsorge, da der nächste große Discounter einige km entfernt ist und wir uns angewöhnt hatten, nur 1-2 mal im Monat einen Großeinkauf bei verschiedenen Discountern zu machen. Meine Frau und ich sind Veganer und unsere beiden mittlerweile erwachsenen Kinder zu etwa 80% Veganer. Sie essen nur noch Käse bzw. Frischkäse oder schon mal einen Joghurt. Ansonsten alles, was wir auch essen. Da ich gerne beim Kochen experimentiere, ist auch ein sehr großer Rezeptteil mit im Buch, da ich jedes Rezept, dass ich ausprobierte, auch genau aufgeschrieben habe und auf diese Weise mit euch teilen kann.

Nun, das Vorsorgen ging wie folgt: Wir kauften etwa für 300-400 Euro vegane Lebensmittel pro Monat ein. Es war uns wichtig, Mehl, Nudeln und Reis in größeren Mengen zu bunkern, da man ja nie wusste, was auf einen zu kommen konnte. Wir haben schon immer vorgesorgt und dieses machen wir schon sehr lange Zeit, da es politisch gesehen immer schon recht heikel in den letzten 22 Jahren war. Mit dem Jahr 1998 hatten wir begonnen, regelmäßig vorzusorgen, ohne es zu übertreiben und ich begann damals schon zu experimentieren, wie man als begeisterter veganer Campingfan über die Runden kommt. Es half uns sehr, dass wir einen festen Stellplatz auf einem Campingplatz hatten, der das ganze Jahr über auf war und wir auch im Winter regelmäßig dort „Survival" machten. Zum einen zur Abhärtung, zum anderen, um Erfahrungen zu sammeln. So, genug der Vorworte, jetzt geht es zum praktischen Teil des Buches.

Ich wünsche euch viel Spaß beim Lesen und Arbeiten mit diesem Buch,

Euer Johannes

P.S.: Das Inhaltsverzeichnis ist am Ende des Buches

Wie alles begann:

Wenn ihr euch daheim befindet und nicht vorhabt, in Krisensituationen das Land oder auch „nur" euren Wohnsitz zu verlassen, solltet ihr trotzdem euch eine gewisse Notausrüstung zulegen bzw. zugelegt haben.

Beginnen möchte ich aber mit dem Auto: Wir hatten ein fast dreißig Jahre altes Wohnmobil, mit dem wir viele Fahrten unternommen hatten. Es hatte hinten ein Etagenbett für die Kinder und wir schliefen auf der Sitzecke, die man in Wohnwägen und Wohnmobilen meistens zu 2 Schlafplätzen umfunktionieren kann. Damit sind wir auch einige tausend Kilometer gefahren.

Trotzdem verkauften wir nach einigen Jahren das alte Womo und kauften uns einen VW Crafter, Baujahr 2013, der eine LKW-Zulassung hat und 6 Sitzplätze. Zum Schlafen besorgte ich solche Klappboxen, die man platzsparend verstauen kann oder wie in unserem Fall einerseits zum Schlafen aufbauen und andererseits als Stauraum nehmen kann. Warum sage ich euch das jetzt? Nun, wenn ihr kein Geld für ein teures Wohnmobil habt oder keinen großen Wohnwagen hinter euch herziehen möchtet, ist z.B. ein Crafter eine preiswerte Alternative, um in Deutschland herum zu fahren, zu überwintern oder auch „nur", um Camping zu machen. Sollten die Zeiten schlimmer werden, kann man sich damit noch gut „aus dem Staub" machen, ohne gleich als Camper geoutet zu sein.

Euer Auto sollte mindestens ein Kombi sein oder ein Auto, in dem man zu zweit übernachten kann. Das sind Erfahrungen aus vielen Jahren Umzugs- und Camperleben. Auch ein gutes Fahrrad ist immer sinnvoll.

Jeder muss für sich selber oder in der Familie, bzw. dem Freundeskreis entscheiden, wie man sich für die Krise vorbereitet. Ich kann dabei helfen, indem ich unsere Erfahrungen und Tipps hier in diesem Buch einbringe.

Es ist noch nicht absehbar, wie lange diese Situation oder Lage bleibt, denn es ist eine Krisenzeit, in der jeder Mensch erleben kann, wie weit er als Mensch schon vorbereitet ist, oder was noch erlernt / gelernt oder auch vorbereitet werden sollte, um gut als Veganer durch die Krise zu kommen.

Wir empfehlen auch viele Dinge, die „Alles-Esser" als scheinbar lächerlich empfinden und viele Veganer werden auch als „Pflanzenfresser" oder „Grasfresser" beleidigt. „Du isst den Tieren das Futter weg," hörte ich auch schon öfter. Nun, jeder der Veganer ist – aus welchen Gründen auch immer – darf sich überlegen, wie er mit einer Krise umgeht, wenn er als Mensch in so etwas hineinkommt.

Es ist wichtig, dass ihr überlegt, ob ihr eine Krise daheim überstehen möchtet oder eher mit Wohnmobil, Wohnwagen, Zelt, Rad oder auch zu Fuß gegebenenfalls flüchten möchtet. Ich gehe in diesem Buch auf viele Möglichkeiten ein.

Ein Zelt sollte wasserdicht, wasserabweisend und schnell auf- und abbaubar sein.

Zum Thema Notfall-Rucksack gibt es ein eigenes Kapitel.

Ein Wohnwagen sollte immer rechtzeitig TÜV fertig gemacht werden und auch gewartet, denn wenn ihr vorhabt, mit einem Wohnwagen zu verreisen oder zu flüchten, solltet ihr auch darauf achten, dass ihr das Gesamtgewicht nicht überschreitet.

Gleiches gilt für ein Wohnmobil, Kastenwagen etc.

Wenn bei euch in der Nähe eine öffentliche Waage ist, könnt ihr mit dem vollbepackten Fahrzeug dort einmal hinfahren und für kleines Geld euer Fahrzeug/Gespann wiegen lassen. Das ist sehr wertvoll, meiner Meinung nach, um eine Überbeladung zu vermeiden. Ich habe gehört, dass manche in der Beziehung sehr pfiffig sind und mit einem befreundeten Kumpel mit großem Auto dorthin fahren, so dass zu viel an Gewicht direkt bei der Waage umgepackt / ausgeladen werden kann, so dass man eine zweite Fahrt dorthin vermeiden kann.

Kommen wir jetzt zum nächsten Kapitel:

Getränke:

Wasser ist das wichtigste Lebenselixier neben der Luft heißt es.

Ja, denn wenn der Mensch nicht genug Wasser trinken kann, stirbt er oder wird krank.

Nun, Flüssigkeit ist überlebenswichtig!

Einige Veganer haben aber neben dem Wasser auch andere Getränke eingelagert, da sie nicht immer nur monatelang Wasser trinken wollen.

Wir finden, dass Wasser das Wichtigste ist, was man bevorraten sollte und auch Möglichkeiten, Regenwasser oder Leitungswasser zu filtern.

Wer unterwegs ist, kann mit einem guten Wasserfilter auch andere Wasser aus Flüssen, Bächen etc. filtern.

Wir haben überlegt, wieviel Wasser wir einlagern sollten und wieviel Wasser kann man filtern?

Nun, in Deutschland ist es in der Regel so, dass bei einem Stromausfall auch kein Wasser mehr aus der Wasserleitung fließt. Wer also kein Wasser „gebunkert" hat, könnte u.U. Probleme bekommen, Wasser zu besorgen, denn wenn der Strom ausfällt, könnte dieses auch bei allen anderen Menschen in eurer Nähe/Stadt geschehen sein und die Leute versuchen dann im Supermarkt Wasser zu kaufen. Haben die Läden aber keine Notstromaggregate und ist bei ihnen auch der Strom weg, gibt es ggf. arge Probleme. Kassen funktionieren nur mit Strom. In anderen Ländern ist da die Bezahlung noch wesentlich flexibler. In Spanien beispielsweise, kann man einfach so Wasser an jeder Tankstelle kaufen – in 5, 6 oder 8 Liter großen Kunststofflaschen. Man legt einen Euro hin und bekommt 5 Liter Wasser – auch wenn die Kasse nicht funktioniert. Je weiter man in Spanien Richtung Süden, also Andalusien, fährt, je mehr Wasser wird in Flaschen aus Kunststoff, verkauft.

In Andalusien sieht man oft Familien, die 2 oder 3 Einkaufswagen voll große Wasserflaschen aus Kunststoff zur Kasse schieben. Dort ist es nicht ungewöhnlich! In Spanien sagt man, dass das Leitungswasser nicht trinkbar ist. Das stimmt aber nicht! Es ist leicht gechlort, aber durchaus trinkbar! Wenn man dieses Leitungswasser jetzt filtert, ist es gut trinkbar!

Wir haben uns schon vor einiger Zeit auf Empfehlung eines guten Freundes, der auch vorsorgt, einen Kangen Wasserfilter gekauft! Dieses Gerät wird an einen Wasserhahn angeschlossen und man kann wählen, wie hoch der ph-Wert des gefilterten Wassers eingestellt werden kann.

Mittlerweile haben wir uns an den ph-Wert 9,0 gewöhnt. Man sollte es aber langsam steigern, damit der Körper damit klarkommt, denn es findet dadurch eine starke Entgiftung des Körpers statt und die kann schon mal heftig sein! Auch wird der Drang, „Pipi zu machen" erhöht, da sich der Körper schneller reinigt und entgiftet. Fällt in der Regel der Strom aus, funktioniert der Wasserfilter auch nicht, da das Gerät Strom benötigt. Da hilft dann ein Notstromaggregat oder aber eine andere Möglichkeit, Wasser zu filtern.

Mich hat das total genervt!

Also fing ich an, saubere und große dieser Flaschen zu sammeln, die man im Supermarkt kaufen kann. So haben wir innerhalb eines gewissen Zeitraumes über 50 dieser Flaschen gefüllt und auf unserer Campingplatz-Parzelle für schlechte Zeiten unter dem Wohnwagen gebunkert. Sozusagen als Notfallwasser. Dort ist es recht kühl und dunkel. In jede Flasche haben wir GOTTVATERS Segen hineingegeben als Schutz und Haltbarmachung! Wer Zeolithpulver hat, kann auch in jede Flasche / Behälter gesegnetes Zeolithpulver hineingeben. Ein Teelöffel voll davon genügt vollkommen.

Wer meine Bücher kennt, weiß, wie stark unser GOTTVERTRAUEN ist und ein einfaches Gebet: „Danke geliebter VATER, dass Du dieses Wasser jetzt reinigst und segnest! Amen." reicht völlig aus, wenn es in Demut und Liebe gebetet und gesprochen wird.

Viele Menschen haben Mineralwasserflaschen in Kisten gebunkert. Das haben wir auch gemacht. Dabei wird „Medium" Wasser bevorzugt. Es hat wenig Kohlensäure, ist aber fast unbegrenzt haltbar und lagerbar, da es durch die Kohlensäure geschützt ist.

Eine Kiste Mineralwasser kostet nur wenige Euro und so kann man jede Woche 1-2 Kisten mit nach Hause nehmen, ohne dass Nachbarn argwöhnisch schauen, denn Wasser in Kisten ist sehr beliebt in Deutschland. Wir haben viele Kisten gehortet und mit weißen Tüchern abgedeckt, damit kein Licht dorthin fällt und je dunkler sie stehen, umso besser für die Lagerung.

In Spanien beispielsweise, gibt es in Andalusien keine Getränkehändler und auch kaum Glasflaschen. Also muss hier anderweitig improvisiert werden. Wer also in ein anderes Land reisen oder überwintern oder auch auswandern möchte, sollte sich mit diesem Thema auch vorher oder spätestens vor Ort ausgiebig auseinandersetzen.

Kisten mit Bier, Malzbier, Säften oder anderen Getränken sind natürlich auch einlagerbar, haben aber nur begrenzte Haltbarkeit.

Eine weitere Möglichkeit ist beispielsweise, 1,5 Liter Wasser in sogenannten „6er Packs" zu bunkern.

Das haben wir selbstverständlich auch noch gemacht und diese unter dem Massagetisch eingelagert. Da war genug Platz. Ein großes Tuch über dem Tisch, das bis zur Erde ragt und schon sind die Flaschen lichtgeschützt. Wir haben selbstredend, wie wir das bei allem machen, was einen Strichcode hat, diesen entstört und mit einem Stift gestrichen und dabei „JESUS CHRISTUS IST SIEGER!" gesagt, wie wir das schon seit etwa 20 Jahren machen und es stets mit Erfolg als Resonanz erfuhren.

Wir haben 2011 ein Experiment gemacht und uns biologische „Energiedrinks" ohne negative Zusätze und aus rein biologischen Zusätzen – plus etwas medium Kohlensäure – zur Haltbarmachung eingelagert.

Wir kauften einen Posten von 1000 Dosen dieser Getränke mit mehreren Freunden, die nur noch wenige Tage MHD hatten für kleines Geld. Nun, es wurden über die Jahre immer wieder einzelne Dosen davon leer getrunken. Sie schmecken auch jetzt noch einwandfrei, obwohl das MHD schon lange abgelaufen ist. Warum ich das jetzt erzähle ist, weil es durchaus auch möglich ist, Getränke über viele Jahre einzulagern für den Notfall, wenn man auf bestimmte Kriterien achtet.

Wir finden, man kann nicht genug Wasser eingelagert haben, denn ihr müsst ja auch daran denken, dass bei einem längerfristigen Stromausfall auch eine Möglichkeit zum Waschen vorhanden sein sollte.

Wir haben mehrere der 300 Liter Wassertonnen (Regentonnen) die wir mit Leitungswasser gefüllt hatten. Sie waren mit gesegnetem Zeolith bestückt und dann abgedeckt. So hatte man Wasser für den Notfall. Sowohl zum Trinken, als auch für andere Anwendungs-möglichkeiten.

Ihr seht, liebe Leser, dass man sehr erfinderisch sein kann, um Wasser zu bunkern. Einige haben unter ihrem Bett Wasser in Flaschen gelagert oder in der Badewanne. Das haben wir auch schon früher gemacht. Aber nicht Wasser einlaufen lassen, sondern verpackte Flaschen.

Desweiteren haben wir als Veganer Milchersatzgetränke auf Soja-, Mandel-, Reis-, Walnuss und Haselnussbasis. Die Auswahl ist recht groß! Wir haben immer mindestens 100-150 Liter Packungen im Bad als Vorrat gestapelt.

Desweiteren haben wir Pulver, um Wasser mit Geschmack zu versehen für die Kinder im Sommer und viele Teemischungen.

Vorräte einlagern:

Ich bin eben noch mit meiner Kamera herumgelaufen und hab euch Fotos gemacht, um zu zeigen, wie man auch auf engem Raum etwas einlagern kann.

Man bekommt fast alles, was man sucht, u.a. auch diese wunderbaren Tonnen mit Deckel. Das ist sinnvoll, wenn im Sommer die Temperaturen hoch sind (auch in Gebäuden). Es sei denn, sie sind aus dicken Steinen, dann halten sie die Hitze gut fern.

Der Boden ist bei uns überall gefliest, sodass wir die Tonnen gut stellen konnten. In ihnen bewahren wir Mehl, Brotbackmischungen, Nudeln, Reis und Gewürze auf.

Wir bekamen einen guterhaltenen, aber ausrangierten Kühlschrank und eine Kühltruhe in Würfelform geschenkt, die wir dann gesäubert haben und dann mit Ozon entstört haben. Dann wurden sie mit Vorräten gefüllt. Natürlich ohne Strom!

Überall ist Platz für Regale, die man im Baumarkt für kleines Geld kaufen kann. Die Regale sind zum Stecken und schnell aufgebaut und stabil!

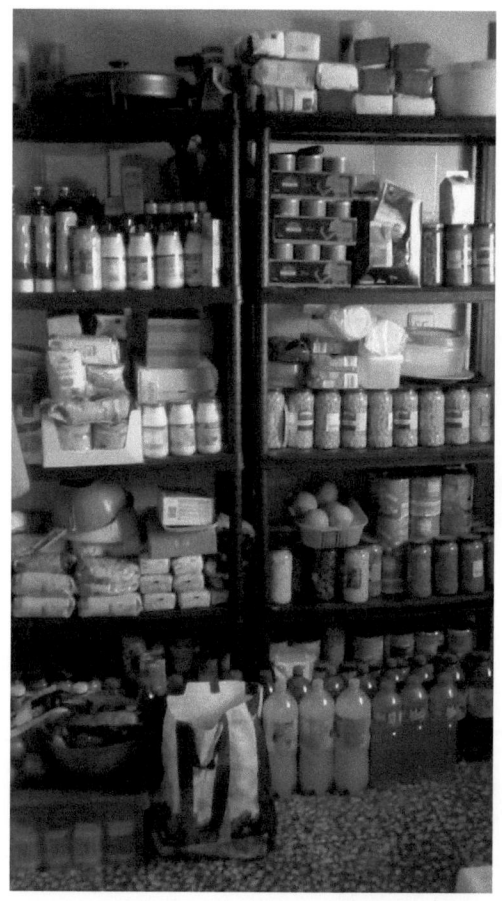

Wir haben eine Art „Vorratshäuschen". Dort haben wir noch mehr eingelagert, denn zusätzlich zum alten Kühlschrank, der Würfeltruhe und den Tonnen, passten noch Regale hinein:

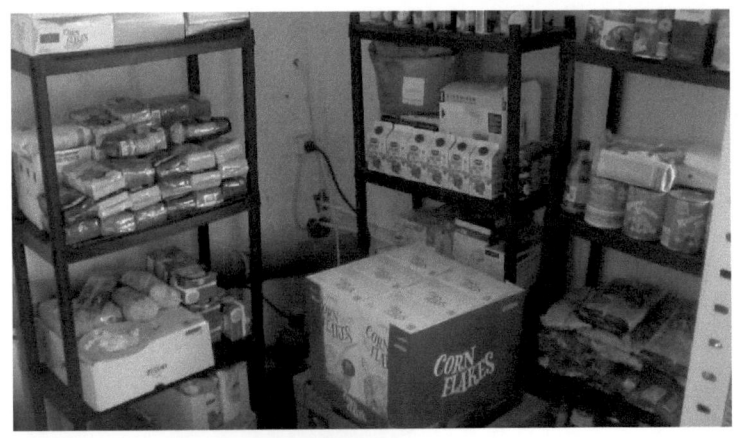

Das Metallregal war schon vorhanden (auch wenn es nicht mehr so schön war, hat es nach der Säuberung doch seinen Zweck erfüllt).

Toilettenpapier ist eigentlich keine Mangelware, genauso wenig wie Küchenrollen. Es sei denn, es wird gezielt in der Werbung so dargestellt. Trotzdem haben wir uns gut damit eingedeckt. 100 Rollen Klopapier und 100 Rollen Küchenpapier legten wir uns innerhalb eines Monats zu.

Wir haben eine 210 Liter Regentonne als Notfall-Lebensmitteltonne komplett gefüllt mit veganen Lebensmitteln. Sie steht so, dass der Untergrund stabil war und auch maus- und rattensicher.

Im nächsten Kapitel berichte ich über diese Art der Bevorratung. Sie funktioniert auch in der Wohnung, da man auf engem Raum viel verstaut bekommt.

Die Notfall Lebensmittel-Tonne:

Diese Tonne nimmt wenig Platz weg und kann extrem voll gepackt werden, inkl. Süßigkeiten für Kinder oder Enkelkinder beispielsweise.

Diese 210 Liter Tonne hier enthält folgende Zutaten:

12 Dosen Kokosmilch

12x Kidneybohnen

6x Linsensuppe

6x Bohnensuppe

20x Spaghetti

3x Weinsauerkraut

3x Rotkohl

6x Gabelspaghetti

5x Zucker

4x Balsamico Nudelsoße

5x Rote Beete im Glas

5x Senf

3 Flaschen Olivenöl

3x Rosinen

1x Zwiebelgranulat

3x Petersiliengranulat

1x 5 Beutel Nockerlgrieß

4x Meersalz

3x Mais

2x grüne Oliven

3x Salzstangen

5x Knäckebrot

3x Haselnüsse

12 Flaschen Weinbrandessig

Das war der gefüllte Boden und so sah es hinterher aus...

Ihr solltet darauf achten, dass ihr in etwa auflistet, was wo in der Tonne ist, denn sonst geht das Suchen los.

Ich würde auch die Konserven, die nur im Notfall benutzt werden, nach ganz unten tun...

Wir haben diese Tonne gefüllt und festgestellt, dass das auch eine gute Möglichkeit ist, regelmäßig seine Tonne zu kontrollieren, ob noch alles in Ordnung ist. Die Dosen kamen dabei nach unten, wie gesagt. Wenn man an diese dran wollte, musste halt ausgepackt werden. Eine andere Möglichkeit ist, wie gesagt, die kleinen Tonnen mit Deckel zum Verschließen oder mehrere große Tonnen, wo man beschriftet, was in jeder Tonne ist und ganz wichtig: Wann man sie befüllt bzw. gepackt hat. Auch das MHD sollte berücksichtigt werden, so dass die Lebensmittel, die älter sind, zuerst verbraucht werden. Unsere Regale haben wir auch so nach dieser Methode bestückt.

Als im Frühjahr der große Lockdown begann und wir nicht mehr ohne weiteres mit dem Auto herumfahren durften, habe ich unser Brot mit der Teelichtofen-Variante selber gebacken und hier zeige ich euch, wie das ganz einfach funktioniert:

Das Teelichtofen Brot:

Diese Brotbackweise habe ich selber ausgetüftelt für die Variante, die wir ja hatten. Ich hatte kurz vorher noch einen nagelneuen Topf mit Glasdeckel gekauft. In dem Deckel ist ein Loch, damit überschüssiger Dampf entweichen kann. Ich hatte noch einen kleineren Topf, der in den großen Topf hineinpasste und in den der Teig kommt.

Doch alles der Reihe nach, damit ihr es nachmachen könnt:

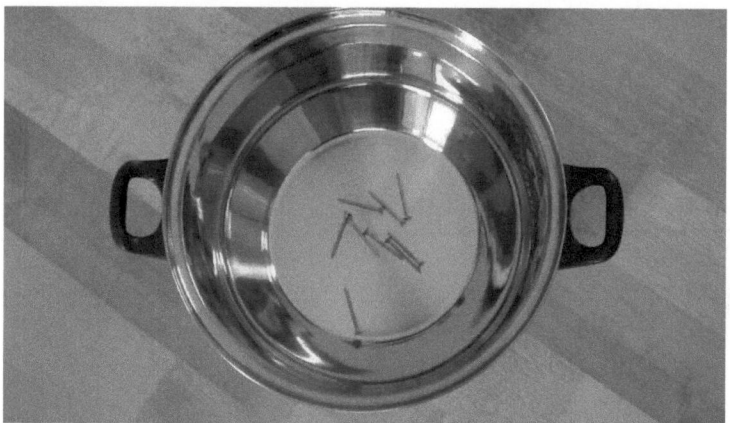

Das ist der Topf, in den ich mangels anderen Materials rostfreie Schrauben gelegt hatte, da der zweite Topf (der kleinere) ja nicht den Boden des großen Topfes berühren sollte, weil dann das Brot anbrennen kann.

Hier seht ihr den kleineren Topf, in den ich die Brotbackmischung hineingegeben hatte.

Hier seht ihr, wie ich den kleineren Topf auf die Nägel im größeren Topf draufgestellt hatte. Etwas Wasser brauche ich jetzt nicht mit in den großen Topf zu geben, da genügend Feuchtigkeit dort im großen Topf unter dem Deckel entsteht und das Kondenswasser ausreicht, damit das Brot hinterher nicht zu trocken wird.

So sieht das Ganze dann mit Deckel aus.

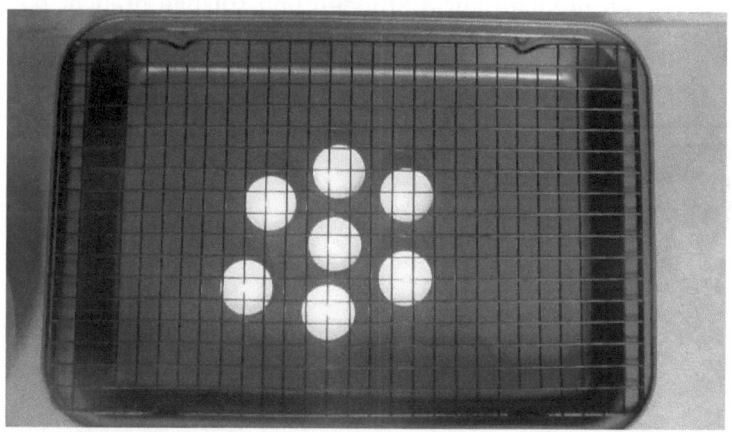

Als Unterlage hatte ich ein Backblech plus passendem Grillaufsatz gekauft gehabt. Wenn ihr Fliesen habt, könnt ihr das Backblech daraufstellen, ansonsten habe ich dicke Ziegelsteine als Untergrund genommen, auf dem das Backblech drauf steht, während später das Brot gebacken wird. Auf das Backblech kommen 7-9 Teelichter (ich hatte erst mit 9 angefangen und dann gemerkt, dass 7 Stück gut unter dem Topf verteilt, auch ausgereicht haben.)

Die Kerzen brennen gut 4 Stunden und solange braucht das Brot auch, bis es fertig gebacken ist.

So sieht das Brot aus, wenn es nach 4 Stunden fertig ist. Wichtig ist, dass alles windgeschützt steht.

Ihr könnt euch einen Wecker stellen, oder auch erst später nach dem Brot schauen.

Nach gut 4 Stunden gehen die Teelichter von alleine aus.

Wir haben auch einmal ein Brot um 18 Uhr erst angefangen zu backen und ich bin erst kurz vor Mitternacht hingegangen, um es zu holen.

So sieht dann ein fertiges Brot aus.

Abkühlen lassen ist von Vorteil, da man es sonst schlecht schneiden kann.

Ich habe es hier für das Foto in eine Pfanne gelegt und halbiert, damit man es gut erkennen kann.

Gutes Gelingen!

Der Notfall-Rucksack:

Meine lieben Leser: Das Thema Notfall-Rucksack mag nicht jeder hören, denn viele wollen nicht in eine solche Lage kommen, dass sie flüchten müssen von Haus und Hof, sag ich mal.

Aber trotzdem ist es wichtig zu wissen, was denn in solch einen Rucksack überhaupt hineingehört. Wir haben unseren großen und recht schweren Rucksack gepackt und zeigen euch detailliert, was wir alles drin haben:

Anzünder, Schnell Brennpaste, Feuerzeug Gas, Feuerzeug, Streichhölzer und Feuerstein

Spiritus, Lampenöl und Brennethanol

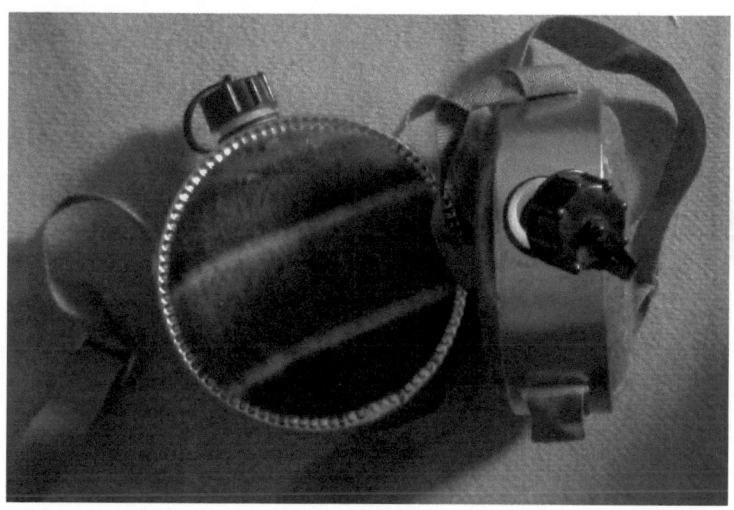

2 Wasserflaschen zum Umhängen (am besten schon mal testen und ein paar Mal vorher ausspülen)

Zwei verschiedene Behälter (mit Luftlöcher, damit das Feuer nicht ausgeht...) Am besten aus rostfreiem Edelstahl

Eine Taschenlampe, die mit Solarenergie aufgeladen werden kann und einen Kompass.

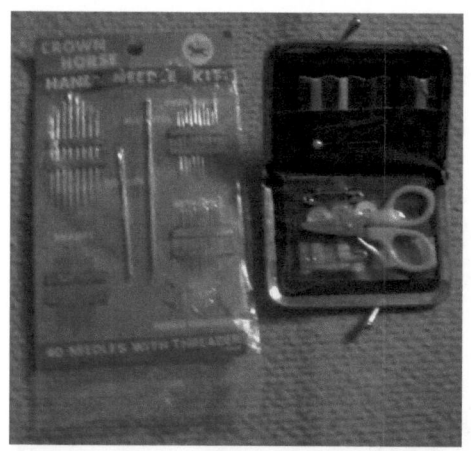

Nadeln und Nähzeug und mindestens eine Schere.

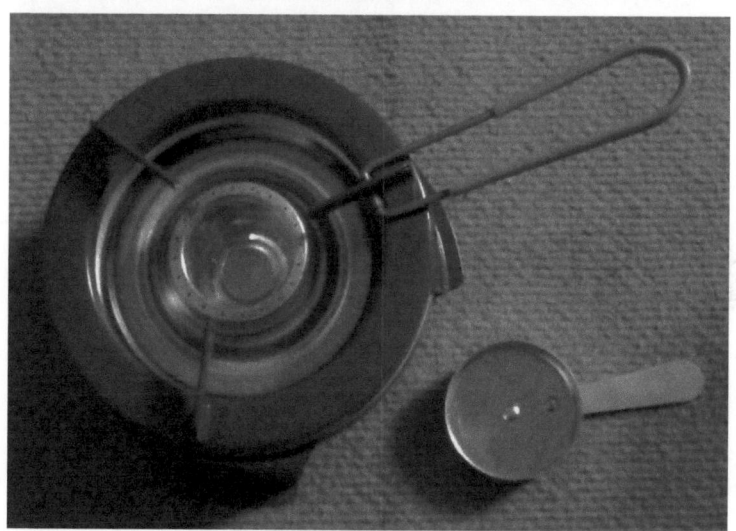

Kocher, der mit mehreren Möglichkeiten in Betrieb genommen werden kann

Zusammenklappbarer Ofen, um darin Feuer zu machen und zu kochen / grillen / backen

Das ist ein zusammensteckbarer Ofen. Hier seht ihr die Einzelteile:

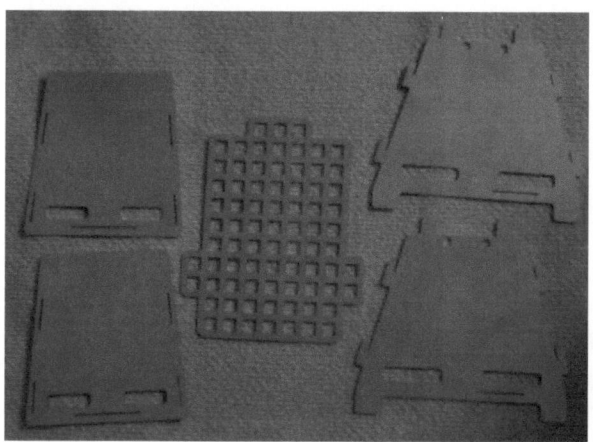

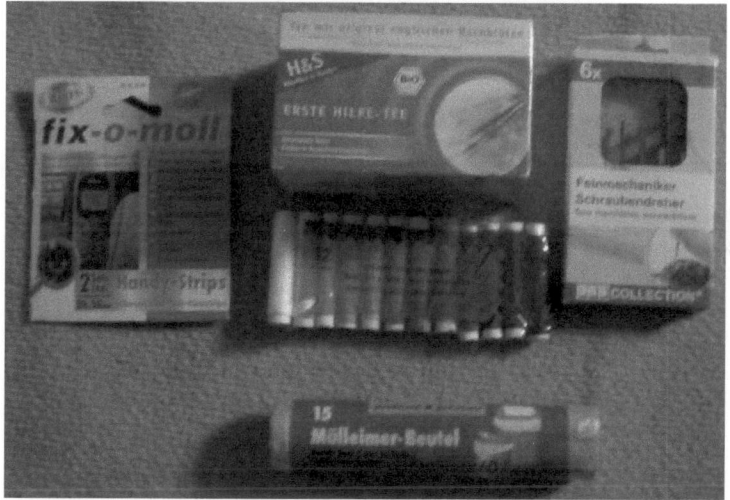

Befestigungsband für Handys, Erste Hilfe Tee, Feinmechaniker Werkzeug, Müllbeutel und Nähgarn.

Töpfe, die ihr ineinander stellen könnt. Mit Geschirrhandtüchern polstern, damit sie nicht klappern beim Gehen.

Mikropur Tabs zum Wasser filtern, LED Stirnlampe (Batterien nicht vergessen plus Ersatzbatterien), Schwamm, Survivalkissen

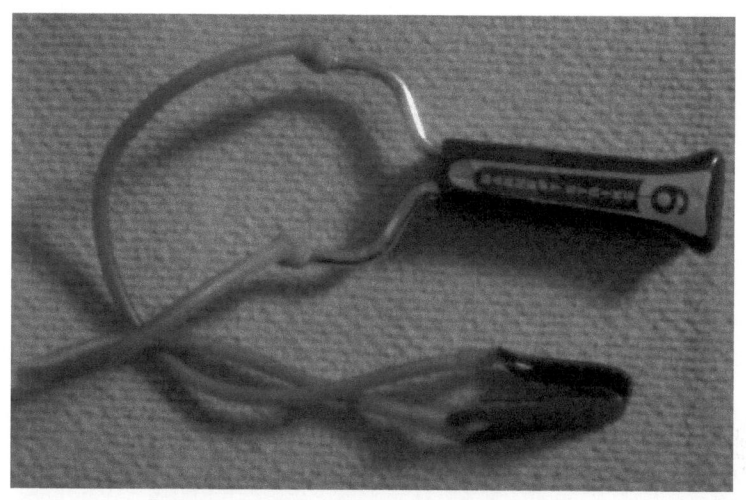

Zwille zur Verteidigung und zum Schutz

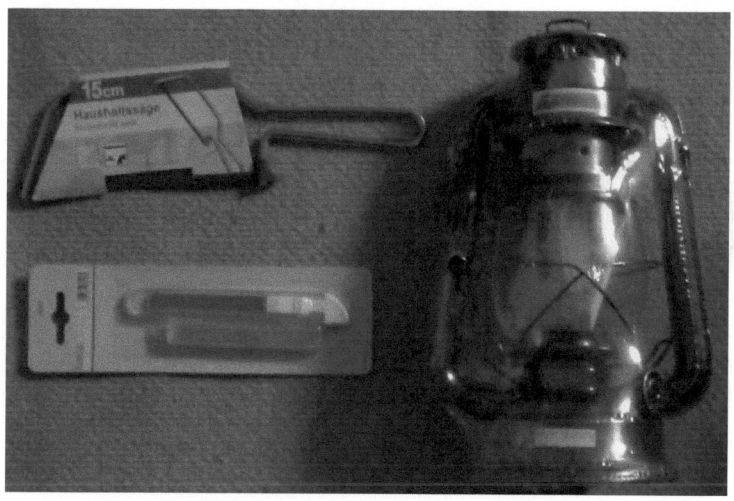

Petroleumlampe, Tapeziermesser, Haushaltssäge

Taschenmesser und Kombigeräte für vielfachen Nutzen

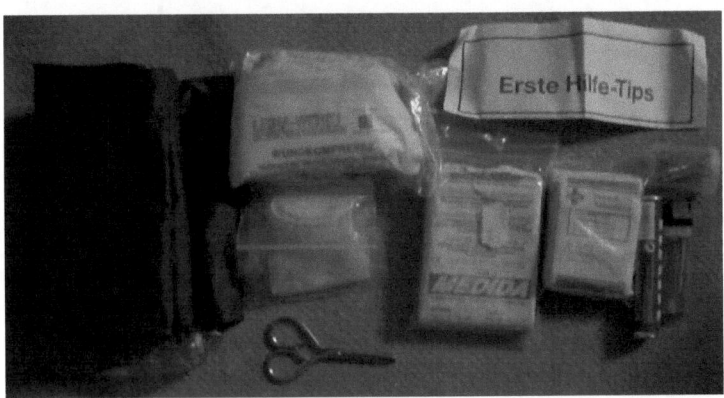

Gurttasche bzw. Gurtbeutel und Verbandsmaterial

Sowie: Teelichter, Teelichteruntersetzer, Einwegmasken (wie man sie seit April 2020 ja bestens kennt)

Den Kelly Kettle haben wir geschenkt bekommen und ich bin sehr froh, dass wir ihn haben, denn er ist so immens praktisch und wiegt fast nichts! Es ist ein Leichtes, damit Feuer zu machen und Wasser zu kochen. Ich möchte ihn nicht mehr missen!

Den Grillhandschuh, das Prismen Fernglas und das Fliegengitter sind auch absolut sinnvoll!

Unverzichtbar! Gibt es nicht nur bei der Bundeswehr, sondern auch so zu kaufen (meistens gebraucht) und dazu passendes Essbesteck!

Unser vollgepackter Notfall-Rucksack! Natürlich sind noch einige Kleinigkeiten wie Panzerband, Stifte, Kopien der wichtigsten Ausweise, und Ersatzkleidung mit dabei. Er wiegt ganz flott! Für Männer leichter zu tragen als für Frauen, wobei es auch dabei Ausnahmen gibt!

Wer einmal überlegt hat, was man alles in einen Survival-Rucksack hineinpacken möchte, sollte immer daran denken, dass man das gute Stück u.U. viele km schleppen muss...

Nur so als Denkanstoß...

Einige haben Getränke, Bitterschokolade und Vitamine noch mit dabei...

Selbstgebauter Ofen aus Steinen (wieder abbaubar)

Es ist sehr einfach, auf die Schnelle sozusagen, einen funktionierenden Ofen aus Steinen zu bauen.

Ihr benötigt zunächst drei Steine aus dem Baumarkt.

Jetzt ein vierter Stein vorne drauf

Dann kommt eine zweite Reihe Steine

Dann wird Kleinholz, Späne, Tannenzapfen oder was immer ihr nehmen wollt, zum Anzünden für das Feuer verwendet. Der Untergrund sollte aus Beton oder Steinen bestehen. Wir haben zum Glück einen Betonuntergrund. Oben kommt jetzt der Topf oder die Pfanne drauf. Es kann auch noch um eine weitere Steinschicht erhöht werden.

Platzsparender Überlebenstipp:

(Wie man auf engstem Raum jede Menge Vorräte gestapelt bekommt und auch noch Sinnvolles damit machen kann)

Ihr packt 8 Bananenkartons voll mit Lebensmitteln und packt dann die Deckel von den Kartons drauf. Dann braucht ihr eine dickere Holzplatte, die genau darüber passt oder sogar etwas größer ist und legt sie auf die Kisten.

Jetzt habt ihr einen Tisch, wenn ihr dann eine große Tischdecke, die bis zur Erde geht, darauf tut. Niemand weiß jetzt, dass euer Tisch ein geheimes Lebensmittel Lager ist. Auf die Idee kam ich mal, weil eine befreundete Familie von uns nicht wusste, wo sie ihre Vorräte stapeln sollte.

Der Krisen und (auch) Camping Rezepte-Teil:

Buchweizenbrei mit Zuckerrübensirup

Zutaten:

1 Liter Hafer-Drink (Ihr könnt auch jede andere vegane Milchersatz-Variante wählen. Wir bevorzugen den sogenannten Haferdrink. Davon haben wir ständig mindestens 50 Liter zu Hause. Hinzu kommen noch Reisdrink und Dinkeldrink als Alternative.) Mandel-Drink ist auch möglich und sehr lecker.

200g ganzer Buchweizen (Buchweizen solltet ihr euch in großen Mengen einlagern, wenn ihr diesen mögt. Ideal in geschlossenen, lebensmittelechten Gefäßen. So bleiben sie frisch und es kommen keine Schädlinge an sie heran.)

1 Prise gutes Steinsalz (oder auch Himalayasalz). Auch hiervon empfehlen wir euch, es reichlich trocken einzulagern.

Erstellung:

Der Milch-Ersatz wird auf dem Ofen zum Kochen gebracht und erst dann kommt der Buchweizen und das Salz hinzu. Jetzt solltet ihr es etwas auf die Seite stellen, damit es schön ausquellen kann auf dem Ofen.

Einfach abschmecken, ob es schon die richtige Variante für euch hat. Bei uns dauert es etwa 20 Minuten, bis der Brei so ist, wie wir ihn mögen. Serviert diesen leckeren und auch sättigenden Brei mit Zuckerrübensirup (den ihr euch auch in größeren Mengen zulegen solltet. Achtet darauf, dass er auch vegan ist.) Guten Appetit!

Gekeimter Dinkel mit Zucchini-Tomaten-Gemüse

Dieses Rezept eignet sich hervorragend im Sommer zuzubereiten, da ihr möglichst auch, um unabhängig zu sein, ein eigenes Gewächshaus oder zumindest Beete und Möglichkeiten haben solltet, Pflanzen und Gemüse anzubauen oder zu ziehen.

Zutaten:

5 EL gekeimter Dinkel (ihr solltet euch im Vorfeld unbedingt Gerätschaften besorgen, mit denen ihr Saatgut keimen lassen könnt, da es erstens sehr lecker schmeckt und zweitens voller Vitamine, Mineralien und Spurenelemente ist.

1 kleine Zucchini (die ihr mit Schale verwenden könnt, sofern sie biologisch angebaut wurde. Solltet ihr es nicht wissen oder die Schale nicht mögen, könnt ihr sie natürlich schälen und dann mit der Handraspel sie in feine Scheibchen oder anderweitige kleine Stücke rebeln oder reiben.)

1 mittelgroße oder 2 kleine Tomaten (solltet ihr die Tomaten im Gewächshaus gezogen haben, reicht es aus, sie gründlich zu waschen und dann klein zu schneiden. Ist der Tomatenstock aber im Freien gestanden, empfehlen wir euch sie zu waschen und zu schälen oder aber in Ozonwasser zu waschen.)

Ozonwasser könnt ihr in Zeiten, wo es noch Strom gibt, recht einfach herstellen: Ihr besorgt euch ein tragbares Ozongerät mit Schlauch und ozonisiert am besten gutes Olivenöl mindestens 3 Stunden lang. Dieses Öl könnt ihr jetzt als Basis für die nächsten Jahre nehmen. Ein Tropfen dieses ozonisierten Öles reicht aus, um Wasser, z.B. in einer Karaffe, zu ozonisieren oder aber auch diese Ozonschwingung an die nächste Flasche Öl weiterzugeben. Was sagt uns das? Richtig: Nicht nur Wasser hat ein Gedächtnis, sondern auch Öl...

Es empfiehlt sich, alles an Obst und Gemüse nicht nur zu waschen, sondern auch zu ozonisieren. Das geht wie folgt: Füllt Wasser in eine Schüssel und gebt dann einen Tropfen ozonisiertes Öl hinzu. Es wird einen Film auf der Wasseroberfläche bilden und somit das ganze Wasser reinigen, entgiften und hinterher auch die Schadstoffe vom Obst oder Gemüse binden. Das Ozonwasser nach Gebrauch z.B. in die Toilette zum Spülen geben (wenn kein Strom vorhanden ist.)

Ihr könnt jetzt die Zucchini Zerkleinerung mit der Tomate und dem gekeimten Dinkel mit etwas Salz und Pfeffer als Rohkost-Salat essen.

Wer lieber diese Version als wärmende Mahlzeit möchte, erhitzt in einer Pfanne möglichst Kokosöl oder auch Palmin, gibt die Zucchini in Scheiben geschnitten hinein und lässt alles bei kleiner Flamme dünsten. Dann die Zucchini auf einen Teller geben und die Tomate und den gekeimten Dinkel hinzugeben.

Zum Würzen nehmen wir Salz (ihr wisst schon welches. Ich schreibe jetzt immer nur Salz bei den Rezepten dazu) und Majoran. Wer mag, kann die Tomate(n) selbstredend auch mit in die Pfanne geben.

Guten Appetit!

Kürbis-Schmankerl

Solltet ihr selber Kürbis angebaut haben, so könnt ihr dieses Rezept mit jeder Kürbisart nachkochen, die essbar ist. Wir bevorzugen Hokkaido-Kürbis dafür. In schlechten Zeiten werden wahrscheinlich nicht mehr überall am Straßenrand Kürbisse zum Kaufen angeboten werden, denn wer keinen hat, der ist leider, um nicht zu verhungern, auch manchmal auf Mundraub angewiesen. Diesem möchten wir zuvorkommen, indem wir alles da haben, was wir zum Überleben benötigen.

Zutaten:

1 mittelgroßer Hokkaido-Kürbis

Salz

Pfeffer (aus der Pfeffermühle)

Koriander (entweder frisch oder gerebelt aus dem Glas)

Als Alternative empfehle ich Majoran

Kokosöl zum anbrutzeln

Zubereitung:

Bei einem biologischen Hokkaido-Kürbis könnt ihr die Schale mitessen. Er sollte gut gewaschen und wenn möglich, auch in ozonisiertes Wasser gelegt werden.

Danach wird er in verschiedene Teile geschnitten und die Kerne werden vorsichtig herausgeholt. Diese könnt ihr selbstverständlich säubern und trocknen und entweder in der Pfanne später rösten oder aber trocken gut lagern, um im nächsten Jahr davon wieder Kürbisse anzubauen.

In der Pfanne wird das Kokosöl erhitzt und die Hokkaidostücke hineingegeben.

Bei kleiner Flamme wird die Pfanne dann etwa 15 Minuten mit Deckel draufstehen gelassen.

Je nach Sorte solltet ihr kurz testen, ob euch der Kürbis schon weich genug für euren Gaumen ist. Einige mögen ihn „al dente", andere eher nicht...

Sobald der Kürbis so ist, wie ihr ihn mögt, gebt bitte in die Pfanne die Gewürze hinzu.

Jetzt alles vom Herd nehmen und das Gericht kredenzen.

Guten Appetit!

Die gute alte Bratkartoffel-Pfanne

Meine lieben Leser! Dieses Rezept gehört zu den beliebtesten Rezepten überhaupt in Deutschland – was die Kartoffel betrifft.

Im Herbst eines Jahres kann man in den meisten Fällen sich relativ günstig und in größeren Säcken Kartoffeln für den Winter einlagern.

Wir holen uns dann auch mehrere Säcke der edlen Knolle.

Wichtig ist, dass die Kartoffeln möglichst im Dunkeln lagern und in Schichten.

Wir haben einmal aus Mangel an Platz uns halbhohe Kartons aus dem Discounter mitgenommen und diese mit Papier ausgelegt, in die die Kartoffeln dann kamen. Zweimal fünf dieser Kartons konnten wir bequem aufeinanderstellen und hatten so im Winter immer Kartoffeln zur Hand.

Auch Zwiebeln (möglichst rote) solltet ihr in größeren Mengen einlagern.

Zutaten:

Je nach Hunger und Menge der Esser solltet ihr rohe Kartoffeln schälen, waschen und dann in dünne Scheiben schneiden, die dann die Pfanne füllen.

1 große Zwiebel (die ihr schälen solltet und dann fein würfeln.)

Salz, Pfeffer

Zubereitung:

Die Pfanne wird zuerst mit Kokosöl oder Palmin bestückt und wenn es etwas geschmolzen ist, kommt die vorher ausgemessene Menge an Kartoffeln hinzu.

Dann kommt der Deckel auf die Pfanne und bei kleiner Flamme benötigt diese Menge etwa 20-30 Minuten. Ihr solltet regelmäßig den Deckel heben, damit nichts anbrennt.

Die Zwiebeln solltet ihr anbraten, wenn die Kartoffeln schon etwa 15 Minuten brutzeln.

Wenn die Zwiebeln so braun sind, wie ihr sie möchtet, gebt sie zu den Bratkartoffeln hinzu.

Ich persönlich lasse die Bratkartoffeln immer erst 5 -7 Minuten anbraten und wende sie etwa jede Minute und gebe dann etwas Wasser hinzu, damit sie schön weich werden. Zum Schluss, wenn alles verkocht ist, kurz testen, wie weich sie sind und dann bei kleiner Flamme noch etwas anbraten lassen.

Jetzt wird mit Salz und Pfeffer abgeschmeckt und dann serviert.

Man kann dieses Gericht als Hauptmahlzeit genießen oder aber mit verschiedenen Beilagen, zu denen ich in späteren Rezepten komme.

Guten Appetit!

Das ultimative Pizzarezept für stromlose Zeiten

Den Titel habe ich mir gerade ausgedacht, aber es ist so immens einfach herzustellen und doch so lecker.

Prahlt bitte in schlechten Zeiten nicht davon, sonst rennen sie euch die Bude ein...

Zutaten:

1 kg Mehl (auch Mehl solltet ihr sinnvollerweise „tonnenweise" horten, wie es ein guter Kumpel von mir immer sagt...)

Meine Frau hatte die glorreiche Idee, Mehl in einer Gefriertruhe zu lagern, die absolut dicht ist und natürlich stromfrei steht. In so einer Gefriertruhe lohnt sich alles das zu lagern, was Schädlinge anknabbern könnten, wie z.B. Mehl, Zucker, Nudeln, Reis, Hafer-Dink...

1 Packung Tomatensauce (oder passierte Tomaten) Auch davon haben wir gefühlte 100 Packungen schädlingssicher eingelagert, da sie immer wieder gebraucht werden. Um jetzt diese in großen Mengen einkaufen zu können – ohne dass eure Nachbarn es mitbekommen – kauft einfach bei jedem Einkauf einen 12er Pack davon mit. Zur Zeit kosten sie etwa 35 – 39 Cent die Tüte bzw. die Dose in Deutschland und dass ist doch recht preiswert, wie ich finde.

Majoran, Koriander, Kräuter der Provence, Salz

2 Tüten Trockenhefe (auch damit solltet ihr euch reichlich eindecken. 100 Packungen sind sinnvoll. Kosten auch nicht die Welt... 5 Tüten kosten unter einem Euro beim Discounter...)

600 ml Wasser

6 EL Öl

Zubereitung:

Mehl mit Hefe, Öl und Wasser zu einem Teig kneten. Diesen solltet ihr 30-45 Minuten an einem warmen Ort zugedeckt gehen lassen. Meistens ist der Teig dann etwa doppelt so groß geworden. Im Sommer lassen wir ihn draußen in der Wärme aufgehen, im Frühling, Herbst und Winter in der Nähe des warmen Ofens.

Jetzt braucht ihr noch etwas Mehl auf der Arbeitsfläche und dann formt ihr aus dieser Menge 15 – 20 kleine Kügelchen, die hinterher die Pizzas werden.

Die Pfanne mit dem Kokosfett oder Palmin erwärmen und dann das erste Teigkügelchen in die Pfanne geben. Mit dem Pfannenwender die Teigkugel auseinanderschieben. Nach etwa 1-2 Minuten wenden und gleich die Seite, die dann oben ist, mit der passierten Tomatensauce bestreichen. Aber bitte aufpassen, dass nichts in die Pfanne gerät. Jetzt sofort die Gewürze und das Salz hinzugeben.

Die Pizza ist fertig! Schmeckt warm und auch kalt. Ihr könnt so auf Vorrat Pizzen machen.

Bei uns werden diese etwa 18 Stück meistens am Abend und der Rest kalt am nächsten Morgen mit Freude verspeist. Wenn ihr auch wie wir zwei hungrige Kinder habt, wisst ihr, was ich meine...

Guten Appetit!

Falafel-Bratlinge

Kennt ihr Falafel? Wahrscheinlich schon, oder? Sie sind recht einfach herzustellen und bei uns gibt es sie im Schnitt mindestens einmal im Monat.

Da unsere beiden Kinder sie sehr gerne mögen und wir natürlich auch, darf ich, als Papa und Koch, diese regelmäßig erstellen. Meine Frau lässt mir dann gerne den Vortritt, da ich so unbändig gerne koche...

Zutaten:

1 Dose Kichererbsen (diese solltet ihr auch unbedingt auch in größeren Mengen zulegen (oder aber in getrockneter Form), falls ihr Hummus oder Falafeln mögt.

Fertige Falafel Bratling-Mischungen gibt es auch, aber hier erfolgt jetzt mein Lieblingsrezept diesbezüglich.

1 Zwiebel

1 Knoblauchzehe

Etwas Petersilie, Koriander, Salz und natürlich Pfeffer

2 EL Mehl

1 TL Backpulver

Kokosöl

Semmelbrösel (die ihr auch in größeren Mengen dahaben solltet. Bitte auf vegane Variante achten)

Zubereitung:

So, zuerst die Kichererbsen abtropfen und die Brühe nicht wegschütten, denn diese kann genauso wie die Kichererbsen als Ei-Ersatz verwendet werden!

Der Knoblauch und die Zwiebeln werden kleingeschnitten. Da wir (in unserer simulierten Krisenvariante) keinen Mixer haben, müsst ihr alles ganz klein schneiden oder aber mit einem Hilfsgerät so klein wie möglich bekommen. Ich nehme dann manchmal einen Löffel zu Hilfe. Klappt ganz gut. Auch die Reibe hilft hier...

Wir geben alles in eine Schüssel und jetzt wird das Mehl, die Semmelbrösel und das Backpulver hinzugegeben.

Alles wird mit der Hand (oder einem Löffel) vermischt und vermanscht.

Dann solltet ihr daraus Bratlinge formen und diese dann in der Pfanne in dem Kokosöl oder Palmin goldbraun brutzeln.

Wer lieber eine feurige Variante möchte, kann selbstredend noch Chili miteinfügen.

Aber bitte vorher mit dem Rest der Familie absprechen, ob die es auch so feurig mögen...

Guten Appetit!

Leckeres Survival Müsli

Viele Veganer können auf ihr Müsli am Morgen einfach nicht verzichten. Zu diesen Menschen gehört auch meine Frau.

Hier nun ihr Lieblings Müsli Rezept:

Zutaten:

50g Haferflocken (auch davon solltet ihr euch „tonnenweise" zulegen. Wie viele Packungen wir haben weiß ich nicht, aber es sind doch einige...

1 TL Zuckerrübensirup (zum Süßen)

100 ml Hafer-Drink

3 EL Bio-Cornflakes (aus genfreiem Anbau)

1 TL Spirulina Pulver (diese Alge ist eines der wichtigsten Überlebensprodukte. Wir haben vor kurzem ein paar Kilogramm davon geschenkt bekommen und sind sehr happy darüber.)

1 TL Schindeles Mineralien (solltet ihr euch auch einmal anschauen, wenn ihr es nicht kennt. Ein Gesteinsmehl, dass sehr viele Mineralien, Spurenelemente und mehr beinhaltet. Bei uns ein Muss!)

1 TL Klinoptilolith-Zeolith (auch ein ganz wichtiges Gesteinsmehl)

1 Prise Kurkuma

1 Prise Salz (natürlich weiterhin gutes Steinsalz)

1 TL Chia-Samen (bitte erst in Wasser quellen lassen und dann dem Müsli hinzufügen)

Zubereitung:

Alles in eine Schüssel geben und essen!

Guten Appetit!

Tomaten-Basilikum-Ingwer Brotaufstrich

Ja, ich weiß, in schlechten Zeiten ist für viele Menschen Brot eine Rarität! Das muss aber nicht sein!

Entweder ihr besorgt euch Dosenbrot (das unbändig lange haltbar ist...) oder ihr backt euer Brot selber. Beispielsweise das Teelichtofen-Brot...)

Kommen wir also jetzt zu diesem Brotaufstrich, der einfach herzustellen ist und unserer Meinung nach auch noch superlecker ist...

Zutaten:

½ Tube Tomatenmark (auch so ein leckeres Etwas, dass sich lohnt, in größeren Mengen zu lagern, da es sehr oft Verwendung findet)

3 EL ozonisiertes Sonnenblumenöl (einfach einen Tropfen der hergestellten „Ursubstanz" in die frisch geöffnete Flasche Sonnenblumenöl geben, schütteln und das ganze Öl der Flasche ist ozonisiert und bleibt es auch…)

Zerkleinerte Sonnenblumenkerne (wir haben eine Mühle, die mit Handbetrieb funktioniert. Hinterher wieder gut säubern…)

1 EL Zitronensaft (wenn möglich, sonst der „Notfall-Zitronensaft" aus der Retorte. Man kann künstlichen Zitronensaft im Discounter kaufen. Hält sehr lange…)

2 TL Basilikum (getrocknet)

1 TL Zucker (wir empfehlen Rohrohrzucker oder Rapadurazucker, wenn möglich, ansonsten normaler Haushaltszucker)

5 Tropfen Sojasauce (solltet ihr, sofern ihr es vertragt, auch reichlich da haben zum Würzen)

2 TL Rosmarin (getrocknet)

1 TL Salz

1 TL Ingwerpulver

Zubereitung:

In der Schüssel alles mit dem Schneebesen oder dem Löffel so fein wie möglich zu einem Brotaufstrich zusammen mixen.

Guten Appetit!

Johannes Spezial- Brotaufstrich

Zu dem Namen des Brotaufstriches kam meine Familie, weil ich ihn aus Resten zusammengewürfelt hatte und er so unbändig lecker schmeckt.

Hier ist meine aus der Not geborene Mischung, die so lecker ist...

Zutaten:

2 EL Ozonisiertes Sonnenblumenöl (das ist relativ geschmacksneutral)

100 ml passierte Tomaten

1 TL Ingwerpulver

1 große Zwiebel (in der Pfanne goldbraun gebraten)

1 Messerspitze Chillipulver

5 EL Semmelbrösel (hatte ich damals als Bindemittel genommen und es klappte perfekt)

1 Knoblauchzehe (ganz fein zerhackt)

1 TL Salz

5 TL Majoran (lecker!)

Zubereitung:

Ihr gebt alles in eine Schüssel und vermengt es miteinander.

Guten Appetit!

Naturreis mit Tomatensoße und Misopaste

Für dieses Rezept kann man eigentlich nur Naturreis nehmen. Kochbeutel-Reis enthält viel, viel weniger Vitamine und Mineralstoffe und benötigt auch viel weniger Kochzeit.

Wir rechnen pro Person 100 Gramm ungeschälten Reis, wenn die Person sehr hungrig ist. 50 Gramm bei Kindern oder nur bei wenig Hunger...

Zutaten:

Reis (je nach Person und s.o. erklärt)

1 Lorbeerblatt

Salz

Pfeffer

Vegane Gemüsebrühe (bitte darauf achten, dass keine Geschmacksverstärker dabei sind. Immer das Kleingedruckte lesen und auch immer darauf achten, welche E-Stoffe drin sind.)

Wasser (pro 100 Gramm Reis etwa ¼ Liter Wasser nehmen).

Zubereitung:

Den Reis und die Zutaten ins Wasser geben und solange kochen lassen, bis das ganze Wasser aufgesaugt ist.

Dann probieren, ob der Reis auch so durch ist, wie ihr ihn mögt.

Ob er eher bissfest oder doch lieber „labbrig" sein sollte...

Als Beilage essen wir gerne Falafel und eine Tomatensauce, die wie folgt entsteht:

1 Packung passierte Tomaten

Dann die leere Packung zu ¾ mit Wasser füllen und den Tomaten hinzufügen. Alles umrühren und mit 1 TL Salz, 1 TL Koriander und 1 Prise Pfeffer abschmecken. Jetzt kommt noch ½ TL Misopaste hinzu. Umrühren, kurz erwärmen, fertig!

Solltet ihr keine Misopaste haben, könnt ihr auch 5 Tropfen Sojasauce nehmen und 3 Tropfen Schwarzkümmelöl.

Guten Appetit!

Apfel-Chicorée Gaumenfreude

Ein leckeres Schmankerl für zwischendurch, wenn ihr Durchhaltekraft und Energie benötigt.

Klappt natürlich nur, wenn ihr selber Chicorée angebaut habt oder irgendwie daran kommen könnt...

Zutaten:

1 Chicorée Stange

1 großen Apfel (Äpfel solltet ihr euch auch einlagern und in Ehren halten, denn der Apfel ist eines der besten Mittel, um den Körper gesund zu halten. Nicht umsonst heißt ein altes Sprichwort: „An apple a day, keeps the doctor away", also salopp übersetzt: Wenn du einen Apfel am Tag zu dir nimmst, bleibst du gesund und dem Doktor fern...

3 Walnüsse (auch Nüsse solltest du horten und sammeln, genauso wie Eicheln oder auch Bucheckern. Fragt mal eure älteren Verwandten, die werden es euch bestätigen...)

1 TL geriebene Haselnüsse (es ist sinnvoll eine Muskatnussreibe zu haben. Die kann man auch zweckentfremden dafür...)

3 EL feine Haferflocken (falls ihr nur grobe habt, einfach etwas Wasser erhitzen und Haferflocken nach Gefühl hineingeben. Es wird ein pampiger Matsch, der u.a. auch als Ei-Ersatz genommen werden kann. Diese „Pampe" etwas verdünnen und dem Salat hinzugeben.)

2 EL Kokosmilch (auch darauf wollen wir nicht verzichten, wie viele andere Veganer auch. Ich habe gehört, dass jemand über 100 Dosen davon eingelagert hat. Achtet aber darauf, dass sie rein sind ohne Zusatzstoffe. Es gibt tatsächlich auch Discounter, wo es solche gibt. In der Tat!)

Zubereitung:

Jetzt bitte alles liebevoll zubereiten und dann mischen. Wer es mag, kann noch etwas Kurkuma und eine Prise echten Ceylon-Zimt hinzugeben.

Eine Gaumenfreude der extravaganten Art!

Guten Appetit!

Krautkrapfen

Ja, ich gebe es ja zu, es ist eines meiner Leibgerichte. Ich habe damals vor vielen Jahren diese Variante entwickelt und ich muss sagen, dass ich sie immer noch absolut liebe!

Zutaten:

Zuerst machen wir den Nudelteig:

500g Mehl (wir machen immer die doppelte Menge, damit ich auch noch welche hinterher kalt essen kann)

1 TL Salz

4 EL Haferflocken (in etwas Wasser aufquellen lassen als Ei-Ersatz)

2 EL ozonisiertes Öl (wenn möglich)

Etwas Wasser nach Bedarf

500g Sauerkraut (aus der Dose) in einen Topf geben und mit 1 TL Salz in etwas Wasser zum Kochen bringen)

Zubereitung:

Der Nudelteig wird zusammengeknetet und dann dünn ausgerollt. Das angedünstete Sauerkraut wird jetzt auf dem gesamten Teig ausgeteilt. In Zeiten, wo es noch Möglichkeiten zum Einkaufen gibt, kommen bei uns noch vegane Würstchen kleingeschnitten in das Sauerkraut hinein. In stromlosen Zeiten nicht.

Jetzt wird alles vorsichtig zu einer Rolle zusammengerollt und dann in etwa 5cm breite Stücke geschnitten.

In den Topf kommt Kokosöl oder Palmin zum brutzeln und die 5cm Stücke werden hochkant in den Topf gesetzt. Sobald die Krautkrapfen etwas angebrutzelt sind, wird eine salzhaltige Lösung in Wasser hinzugegeben. Immer den Deckel drauflassen. Sobald das erste Wasser verdunstet ist, alle Krapfen umdrehen und noch einmal die gleiche Menge Wasser ohne Salz dieses Mal, hinzugeben. Wenn diese auch verkocht ist, nachschauen, ob der Nudelteig schon fest ist.

Wenn ja, alles aus der Pfanne holen und genießen.

Vorsicht: Suchtgefahr!

Ich habe mich, obwohl ich sonst recht wenig esse, hierbei schon mehrfach „überfressen"...

Guten Appetit!

Majoran-Petersilie „Weichkäse"

Ja, ihr lieben Leser, ihr wisst sicherlich, dass man mit Cashew Kernen (die ihr euch auch einbunkern solltet) Käse-Ersatz herstellen kann.

Wie das u.a. geht, zeige ich euch hier in diesem Rezept.

Zutaten:

200 Gramm Cashew-Kerne (ohne Salz) die man einweichen sollte über einige Stunden

1 großen EL Agar-Agar

Knoblauchpulver

Zwiebelpulver

2 TL Senf

Salz

Pfeffer (aus der Pfeffermühle)

1 Tasse Wasser (0,3L)

1 TL gefriergetrocknete Petersilie (könnt ihr euch auch gut einlagern, genauso wie andere gefriergetrocknete Kräuter)

Zubereitung:

Das Wasser wird gekocht und das Agar-Agar (Bindemittel) wird hinzugegeben. Das muss dann abkühlen. Danach werden alle Zutaten in eine Schüssel gegeben und ich stampfe es mit dem Kartoffelstampfer klein. Ist etwas mühselig, aber das Ergebnis ist klasse!

Jetzt kommt alles in ein Gefäß, dass nur noch durch das Agar-Agar fest werden muss. Im Sommer klappt das nicht ohne Kühlschrank. Im Winter schon. Aber bitte gut zu machen, damit draußen keine Tiere drankommen. Stellt es so hin, dass es auch keiner sieht, denn in schlechten Zeiten gibt es viele hungrige Mäuler und Langfinger...

Je nach Temperatur kann man den „Käse" schon nach 30-60 Minuten aus der Schale umstürzen und essen. Solltet ihr Kinder haben, die „käsesüchtig" sind, werdet ihr das Rezept wohl öfters machen dürfen, es sei denn, ihr habt keine Cashews mehr... Dann halt auf andere Nüsse umsteigen...

Guten Appetit!

Brötchen mit Knoblauch-Zwiebelfüllung (Backofenversion)

Für diese Brötchen haben wir unseren Holzkohle-Backofen. Wer jetzt sagt: Aber ich habe in der Krise keinen Holzkohle-Backofen, der kann daraus eine Notlösung machen, die ich im nächsten Rezept erklären werde, ja?

Jetzt zu diesen Brötchen:

Zutaten:

200 Gramm Mehl

100 ml Hafer-Drink

5 EL Röstzwiebeln

3 EL Alsan Margarine (oder die gleiche Menge Kokosfett)

1 Tüte Backpulver

1 Knoblauchzehe (klein geschnitten)

1 TL Salz

Zubereitung:

Ihr mischt alles zusammen und lasst es an einem warmen Platz aufgehen für etwa 15 Minuten.

Danach knetet ihr es noch einmal durch und macht sechs Kugeln daraus, die ihr auf euer Backblech legt, worauf ihr vorher Backpapier gelegt habt. Backpapier kann man mehrfach verwenden, nicht sofort entsorgen. Da die meisten Holzkohlebacköfen keine Temperaturanzeige haben (jedenfalls nicht die alten Öfen), habe ich mir ein Infrarot Thermometer besorgt, dass mit Batterien betrieben wird.

Ideal wären 180 Grad Temperatur für ca. 18-23 Minuten Backzeit.

Wenn ihr kein Thermometer habt, müsst ihr nach Gefühl testen, ob die Semmel schön durch sind.

Guten Appetit!

Brötchen mit Knoblauch-Zwiebelfüllung (Pfannenversion)

Hier kommt jetzt die Pfannenversion:

Zutaten:

200 Gramm Mehl

100 ml Hafer-Drink

5 EL Röstzwiebeln

3 EL Alsan Margarine (oder die gleiche Menge Kokosfett)

1 Tüte Backpulver

1 Knoblauchzehe (klein geschnitten)

1 TL Salz

Zubereitung:

Ihr mischt alles zusammen und lasst es an einem warmen Platz aufgehen für etwa 15 Minuten.

Danach knetet ihr es noch einmal durch und macht ca. sechs Kugeln daraus, die ihr in eure Pfanne gebt. Zum Anbrutzeln bitte Kokosöl oder Palmin nehmen (ich erkläre euch gerne einmal den Grund: Kokosöl und Palmin verträgt der Körper, wenn es erhitzt wird. Hingegen alle anderen Öle nicht oder nur schwer. Deshalb haben wir den Ratschlag, den wir damals hörten, befolgt und wir vertragen seitdem alles Vegane aus der Pfanne.)

In der Pfanne so verteilen, dass sie sich nicht berühren. Die Pfanne auf dem Holzkohleofen so stellen, dass sie nur schwach die Hitze empfängt. Ich der Ofen richtig heiß, müsst ihr sehr aufpassen, dass die Semmel nicht anbrennen.

Vorsicht: Suchtgefahr! Sie schmecken unbändig lecker!

Ach ja: Sie brauchen etwa 8-10 Minuten in der Pfanne.

Guten Appetit!

Sojageschnetzelte Zucchini-Pfanne mit Knoblauch und Zwiebeln

Für dieses Rezept benutzen wir Zwiebeln, Knoblauch, Zucchini und Sojageschnetzeltes.

Zutaten:

1 mittelgroße Zucchini

150 Gramm Sojageschnetzeltes

1 Zwiebel

1 Knoblauchzehe

Salz

Pfeffer

Petersilie

Das Sojageschnetzelte gibt es bei einigen Discountern, im Bioladen und im Reformhaus. Es muss in Wasser eingeweicht werden und dann ca. 15 Minuten in Gemüsebrühe köcheln, bis es schön weich ist.

Die Zwiebeln werden goldbraun gebrutzelt und der Knofi fein hinzugeschnitten.

Die Zucchini wird in Scheiben geschnitten und ebenfalls angebraten, bis er weich ist.

Ihr gebt jetzt die fertige Zwiebel, das Salz, den Pfeffer und die Sojasauce mit dem Sojageschnetzelten in die Pfanne und vermengt alles miteinander.

Danach wird es auf den Tellern angerichtet und als Bonus wird noch etwas Petersilie oben drübergestreut.

Guten Appetit!

Zwetschen bzw. Pflaumenmarmelade

So, jetzt kommt ein Marmeladenrezept, dass in unseren Landen durchaus auch in schlechten Zeiten möglich ist.

Solltet ihr Zwetschgen oder Pflaumen im Garten haben, ist dieses natürlich auch in größeren Mengen möglich, um daraus

Marmelade zu kochen, die ihr selber verbrauchen – oder aber zum Tauschen nehmen könnt.

Zutaten:

3 kg Zwetschgen oder Pflaumen

3 kg Zucker

1 TL Ceylon-Zimt (wenn möglich, sonst anderen nehmen)

300 ml Wasser

Zubereitung:

Zuerst werden die Pflaumen/Zwetschgen gewaschen, halbiert, entkernt und schlechte Stellen weggeschnitten. Danach werden sie mit dem Wasser weichgekocht. Genaue Angaben kann man dazu nicht machen, da es verschiedene Sorten von Pflaumen / Zwetschgen gibt. Am besten auf kleiner Flamme weichkochen. Sobald sie weich sind, wird der Zucker hinzugefügt, bis er sich komplett aufgelöst hat. Danach lässt man alles kochen, bis alles geliert ist. Jetzt geben wir den Zimt hinzu (wer mag und genügend davon hat, kann auch mehr Zimt hinzugeben. Wir bevorzugen Ceylon-Zimt.

Jetzt müsst ihr alles abkühlen lassen und dann in Gläser abfüllen (idealerweise sollten diese heiß ausgespült worden sein). Bitte sehr fest verschließen und möglichst mit einem Datum versehen und was drin ist, denn wenn viel eingekocht wird, ist so etwas schon recht sinnvoll.

Guten Appetit!

Esskastanien Brotaufstrich

Ja, es gibt viele Gebiete in Deutschland, wo man Esskastanienbäume findet.

Daraus kann man einen leckeren Brotaufstrich herstellen.

Zutaten:

500 Gramm Esskastanien

2 EL Zuckerrübensirup

1 Fläschchen Rum-Aroma

5 EL Haferdrink (oder Kokosmilch)

1 Päckchen Vanillezucker (oder Vanillin)

Zubereitung:

Zuerst müsst ihr die Kastanien vorsichtig einschneiden. Ideal ist ein „X".

Dann kommen sie in den Topf mit etwas Wasser und werden bei kleiner Flamme etwa 20-25 Minuten gekocht, bis sie weich sind.

Danach werden die Kastanien geschält. Sollten sie noch nicht weich genug sein, müsst ihr sie noch etwas länger kochen. Also am besten vorher ein oder zwei Kastanien herausnehmen, schälen und probieren, wie weich sie sind.

Jetzt, wo sie weich sind, könnt sie sie mit der Gabel weichkneten und mit dem Haferdrink bzw. Kokosmilch, dem Vanillezucker, dem Rum-Aroma und dem Zuckerrübensirup

habt ihr einen leckeren Brotaufstrich, der dann in Gläser gefüllt werden kann. Alles ist einige Tage ungekühlt haltbar.

Guten Appetit!

Grünkern-Aufstrich

Diesen Aufstrich kann man relativ einfach herstellen – auch in der Krise...

Kommen wir zu den Zutaten:

250 ml Gemüsebrühe (die stellt ihr her, indem ihr 240 ml Wasser nehmt und 5-7 TL vegane Gemüsebrühe hineingebt und diese zum Kochen bringt...)

120 Gramm Grünkernschrot (solltet ihr in größeren Mengen vorrätig haben, wenn ihr so etwas öfter erstellen möchtet)

1 Zwiebel (oder gefriergetrocknete Zwiebeln, die man auch „tonnenweise" bunkern kann)

1 -2 Knoblauchzehen (oder die getrocknete Variante, da dann 1 TL)

4 EL Kokosmilch

2 EL Kräuter (eurer Wahl, bzw. welche ihr gefriergetrocknet dahabt)

Salz

Pfeffer

Senf (solltet ihr auch in Gläsern reichlich bevorraten)

Muskatnuss

Zubereitung:

Zuerst setzt ihr die Gemüsebrühe auf. In der Zwischenzeit könnt ihr alle Zutaten vorbereiten.

Danach wird der Grünkernschrot in die kochende Gemüsebrühe eingerührt.

Jetzt sofort alles vom Herd nehmen und aufquellen lassen.

Wenn alles abgekühlt ist, kommen jetzt alle weiteren Zutaten hinzu.

Dieser Brotaufstrich kann auch gut zu Pellkartoffeln gegessen werden oder auch zu Reis/Nudeln oder was ihr wollt...

Guten Appetit!

Bruschetta

Jeder, der schon mal in Italien Urlaub gemacht hat, kennt bestimmt Bruschetta.

Diese Leckerei passt sehr gut in die Survivalküche, da es leicht herzustellen ist.

Ihr benötigt halt als Hauptvoraussetzung Tomaten, gell?

Diese werden aber auch in schlechten Zeiten angebaut oder ihr macht es so wie wir, dass ihr euch eine größere Menge an Konservendosen mit Tomaten einlagert.

Zutaten:

500 Gramm Tomaten

8-12 Basilikumblätter (oder entsprechende Menge Basilikum aus dem Streuer)

1 Zwiebel

1 Knoblauchzehe

Salz

Pfeffer (aus der Pfeffermühle)

Zubereitung:

Zuerst solltet ihr die frischen Tomaten vierteln, entkernen und auch kleinschneiden. Bei den Tomaten aus der Dose ähnlich vorgehen oder ihr habt passierte Tomaten.)

Die Zwiebel wird geschält und ganz klein gewürfelt und die Basilikumblätter ebenso klein geschnitten oder die entsprechende Menge aus dem Streuer genommen.

Alles wird vermischt und mit Salz und Pfeffer abgeschmeckt.

Es wird meistens als Brotaufstrich genutzt.

Möglich ist es aber auch, sie mit Spaghetti zusammen zu essen.

Guten Appetit!

Haferflocken – Kokos Aufstrich

Dieses Rezept ist von uns selber kreiert worden bei dem Versuch, etwas Neues zu schaffen.

Natürlich war wieder eine angebrochene Dose Kokosmilch und ein geöffnetes Haferflocken-Paket der Auslöser, aber es schmeckt so lecker, dass wir euch dieses Rezept auch gerne mitteilen möchten.

Zutaten:

200 ml Gemüsebrühe

100 Gramm Haferflocken

3 EL Zwiebelgranulat

1 EL gefriergetrockneten Schnittlauch (haben wir auch reichlich da. Ist sehr praktisch und in Gläsern beim Discounter zu kaufen)

250 g Kokosmilch

1 TL Knoblauchgranulat

Salz

Pfeffer

1 TL Majoran (aus dem Streuer)

Zubereitung:

Die Gemüsebrühe zum Kochen bringen und dann die Haferflocken hineingeben. Nach etwa 1 Minute vom Herd nehmen und aufquellen lassen.

Wenn es jetzt am Abkühlen ist, kommen alle anderen Zutaten hinzu.

Jetzt umrühren und abschmecken.

Da jeder einen anderen Geschmack hat, genau dosieren (gerade beim Salz und Pfeffer)

Guten Appetit!

Kartoffelsalat in der Sparversion

Dieses Rezept stammt aus Kriegs / bzw. Nachkriegszeiten. Es ist vegan (wahrscheinlich aus Mangel an anderen Zutaten.)

Zutatenliste:

Kartoffeln (wenn ihr habt 10 Stück)

0,3 Liter Wasser

1 TL Stärkemehl (auch dieses sollte man in größerer Menge bevorraten)

Öl (nach eurer Wahl bzw. nach dem, welches ihr dahabt)

Salz

Pfeffer

1 Zwiebel (mit einer Reibe ganz fein gerieben)

Kräuter (welche ihr dahabt)

Zubereitung:

Die Kartoffeln werden gekocht und abgepellt.

Danach wird zuerst das Stärkemehl im Wasser angerührt.

Danach wird alles sämig gekocht.

Alle anderen Zutaten werden dann dazugegeben und ihr lasst alles ein paar Minuten abkühlen, um es dann über die kleingeschnittenen Pellkartoffeln zu geben.

Jetzt etwa 3-4 Stunden ziehen lassen und dann essen.

Guten Appetit!

Unwiderstehliches Knoblauch-Pesto

Ja, ich habe auch ein unwiderstehliches Pesto-Rezept, um lästige, aufdringliche Plagegeister wie Mücken und Schnaken loszuwerden.

Aber auch manche Menschen nehmen bei dem Geruch Reißaus...

Ist aber lecker und vor allem leicht herzustellen...

Zutaten:

5 Knoblauchzehen (oder 5 TL Knoblauchgranulat)

50 ml Sonnenblumenöl (oder ein Öl eurer Wahl)

4 EL Kokosraspeln (die haben wir auch reichlich eingelagert)

Zubereitung:

Ich musste eine Lösung finden, auf dem Mixer zu verzichten und habe auch eine gefunden:

Zuerst die Knoblauchzehen entweder ganz klein schneiden, durch die Knoblauchpresse drücken oder eben Granulat nehmen.

Dann gebt ihr es zu dem Öl in eine Schüssel.

Jetzt werden die Kokosraspeln dazu gegeben und alles verrührt.

Ist es euch noch nicht sämig genug, könnt ihr es noch mit Kokosmilch oder Kokosraspeln passend machen.

Zum Schluss kommt entweder Zuckerrübensirup (1-2 TL) oder aber Salz zum Verfeinern.

Je nach persönlichem Geschmack!

Guten Appetit!

Kohlrabi gebraten mit Kokos-Dip

Dieses Rezept entstand aus einer Resteverwertung (wobei eigentlich immer die besten Rezepte entstehen, oder?)

Zutaten:

1 großer Kohlrabi (oder zwei kleine Exemplare)

Petersilie (gefriergetrocknet)

Schnittlauch (gefriergetrocknet)

Haferflocken und Semmelbrösel (für die Panade)

Etwas Mehl (für die Panade)

Salz

Pfeffer

Kokosmilch

Zuckerrübensirup

Zubereitung:

Den Kohlrabi in Scheiben schneiden (etwa 0,7 cm – 1 cm dick)

Etwas Wasser mit Haferflocken leicht köcheln lassen, daraus entstand eine schleimige festere Konsistenz – unser Ei-Ersatz. Diesen mit etwas Mehl und wenig Wasser anrühren und mit Salz und Pfeffer würzen und darin die Kohlrabi Scheiben einlegen, dann herausholen und in Semmelbrösel wenden. Danach alles in Kokosfett herausbraten (je Seite etwa 2-3 Minuten).

Den Kokos Dip macht ihr wie folgt: Ihr gebt 250 ml Kokosmilch in eine Schale, fügt Petersilie und Schnittlauch hinzu und zum Schluss 3 EL Zuckerrübensirup.

Schmeckt sehr lecker und ist auch etwas für Vegan-Skeptiker...

Guten Appetit!

Südseeträume – Spaghetti a la Kokos-Wucht

Dieses Rezept entstand aus einer meiner typischen Tüfteleien.

Ich war die „normalen" Spaghetti Rezepte leid und wollte etwas Neues kreieren, was mir auch gelang.

Ich möchte euch gerne an diesem außergewöhnlichen Gaumenschmaus teilhaben lassen...

Zutaten:

500 Gramm Spaghetti

330 ml Kokosmilch

Pfeffer (aus der Pfeffermühle)

Etwas Salz

5 EL Zuckerrübensirup

2 EL Kokosfett

Zubereitung:

Zuerst solltet ihr die Spaghetti al dente kochen.

Jetzt werden sie abgegossen.

Während die Spaghetti auf dem Holz-Kohleofen kochen, könnt ihr die außergewöhnliche Spaghetti-Sauce erstellen.

Ihr gebt die Kokosmilch und das Kokosöl in ein Gefäß und mit dem Hand- Schneebesen alles cremig rühren. Wenn es zu fest ist, etwas „normales" Öl dazugeben oder auch ein wenig Wasser. Jetzt kommt eine Prise Salz und eine Prise Pfeffer hinzu.

Zum Schluss gebt ihr den Zuckerrübensirup dazu.

Dort kommen die kochend heißen Spaghetti hinein und alles wird vermengt.

Guten Appetit!

Bratkartoffeln aus rohen Kartoffeln mit Champignons

Dieses Rezept habe ich damals meiner Frau vorgeführt, die gar nicht fassen konnte, wie lecker es schmeckt. Euch werde ich es auch jetzt mitteilen.

Zutaten:

10-12 Kartoffeln (ich nehme immer mittelgroße bis große)

1 Dose Champignons (1.Wahl) solltet ihr auch in größerer Stückzahl horten. Nur ein Tipp von mir...

Salz

Pfeffer

Chillipulver

Currypulver

Zubereitung:

Die Kartoffeln werden gewaschen und geschält und dann noch einmal gewaschen und in ganz dünne Scheiben geschnitten.

Das Kokosöl oder Palmin wird in der Pfanne erhitzt und die Kartoffeln hineingegeben. Nach etwa 5 Minuten werden sie gewendet und nach weiteren 5 Minuten wird eine Tasse Wasser hinzugegeben, damit sie schön weich werden.

Zur gleichen Zeit, wo die Kartoffeln in die Pfanne kamen, wurden die Pilze aus der Dose oder dem Glas ohne Flüssigkeit in eine weitere Pfanne mit Kokosöl bzw. Palmin gegeben und gut angebrutzelt.

Sie sollten etwa zur gleichen Zeit wie die Bratkartoffeln fertig sein.

Die Pilze zu den Bratkartoffeln geben und die Gewürze hinzu.

Alles zügig essen, da man Pilze ja nicht aufwärmen sollte.

Guten Appetit!

Fritierte Apfel-Ring-Scheiben in Kokos-Dip

Ich habe dieses Rezept kreiert, weil meine Frau soooooo gerne Äpfel isst und zwar in allen möglichen Variationen.

Und ganz ehrlich: Angebraten in Kokosfett und angereichert mit Kokosmilch... Ein Gedicht!

Zutaten:

Äpfel (je nach Größe und Hunger)

Kokosmilch

Kokosöl

1 Tüte Vanillinzucker

Mehl, Haferflocken, Semmelbrösel (für die Panade)

Zuckerrübensirup

Zubereitung:

Die Äpfel müsst ihr schälen und das Gehäuse mittig entfernen, so dass ihr etwa 1 cm dicke Ringe schneiden könnt.

Jetzt lasst ihr die Apfelscheiben solange liegen, bis die Panade fertig ist. Das hat den Zweck, dass die Äpfel etwas braun werden und dadurch gesünder sind in der Verdauung.

Die Panade entsteht durch Haferflocken in etwas Wasser geköchelt. Diese schleimige Substanz mit etwas Wasser und Kokosmilch anrühren. Die Apfelscheiben dann darin wenden und dann in die Semmelbrösel legen und danach in die Pfanne geben, die kurz vorher mit Kokosöl oder Palmin erhitzt wurde. Dieses Rezept klappt am besten an kalten Tagen, wo der Ofen sowieso eingeheizt wurde.

Die Apfelscheiben sind jetzt schön kross und werden mit Kokos-Dip gegessen.

Der Dip entsteht so: Die Kokosmilch wird mit Vanillinzucker und Zuckerrübensirup gemischt.

Oberlecker!

Guten Appetit!

Vegane „Leberwurst"

In ruhigen Zeiten mache ich vegane „Leberwurst" immer mit Räuchertofu. Aber da dieser in Krisenzeiten nur schwerlich zu bekommen ist, gibt es hier eine „Krisenvariante" ...

Zutaten:

3 Zwiebeln

50 Gramm Bierhefe

4 EL Semmelbrösel

2 EL Kokosfett

Salz

Pfeffer

Thymian

Majoran

Zubereitung:

Als erstes solltet ihr die Zwiebeln schälen und ganz klein würfeln. Danach in Kokosfett oder Palmin in der Pfanne anbraten, bis sie goldgelb oder leicht bräunlich sind. Danach gebt ihr die Semmelbrösel und etwas Wasser dazu, damit es nicht anbrennt. Es fängt jetzt an zu quellen. Als nächstes bitte die Pfanne vom Ofen nehmen und etwas abkühlen lassen. Wenn es nur noch lauwarm ist, kommen die Bierhefe und die Gewürze hinzu. Majoran gibt dem Ganzen diesen „Leberwurst" Geschmack.

Guten Appetit!

Buchweizen – Krokettenkugeln

Dieses Rezept ist auch für meine Frau entstanden, da sie die absolute „Buchweizentante" ist. Sie liebt den Buchweizen sehr! Ich mag ihn aber auch gerne...

Zutaten:

100 Gramm Buchweizen

500 ml Wasser

1 TL Salz

50 Gramm Mehl

1 TL Sojasauce

1 Zwiebel

Semmelbrösel

Kokosfett oder Palmin

Zubereitung:

Der Buchweizen wird zusammen mit dem Salz in dem Wasser weichgekocht. Ich habe diese Menge gewählt, da wir es in Kochbeuteln haben, die diese Menge beinhalten. Falls ihr einen russischen Lebensmittelladen in der Nähe habt, dort gibt es eine größere Auswahl an Buchweizen meistens zu kaufen. Unser Laden hat eine gute Auswahl und wir uns reichlich eingedeckt für kleines Geld...

Der gekochte Buchweizen wird in einer Schüssel mit dem Mehl, der Sojasauce der kleingeschnittenen Zwiebel und etwas Salz vermischt. Daraus formt ihr Kugeln und wälzt sie in Semmelbrösel Mehl. Danach in Kokosöl oder Palmin ausbraten.

Sehen gut aus und schmecken hervorragend! Man kann aber auch Burger daraus machen...

Guten Appetit!

Feurige Linsensuppe

Dieses Rezept wurde für unseren Sohn kreiert, da er es immer so scharf wie möglich essen möchte. Wo der wohl im letzten Leben gelebt hat? In Indien...?

Jedenfalls ist dieses Gericht scharf angelegt. Wer es lieber etwas milder möchte, lässt einfach die Chillischoten weg...

Zutaten:

500 Gramm Linsen (idealerweise abends in Wasser ansetzen und über Nacht einweichen lassen oder ihr nehmt Linsen aus der Dose (ist auch ideal, um es zu bevorraten)

1 Chillischote

3 TL Salz

1 TL Currypulver

1 Dose Kokosmilch

Zubereitung:

Die Linsen zum Kochen bringen. Solltet ihr eine Dose nehmen, reicht das etwa für zwei bis drei Personen, wenn ihr es mit der gleichen Menge Wasser streckt.

Die Chillischote klein schneiden und hinzugeben, wenn die Suppe fast fertig ist. Mit Salz und Currypulver abschmecken.

Jetzt kommt kurz vor Schluss eine Dose Kokosmilch hinzu.

Das nimmt dem Ganzen etwas von der Schärfe, aber zusammen mit dem Currypulver entsteht so eine indische Note, wie wir finden... Guten Appetit!

Bohnensuppe aus der Dose pikant verfeinert

Ja, ich werde jetzt eine Reihe von Rezepten auflisten, die ich schon aus Konserven hergestellt habe. Meistens beim Camping, da wir da nur begrenzt Speisen dabei hatten und einen Campingkocher...

Zutaten:

1 Dose weiße Bohnensuppe (bitte immer darauf achten, dass die Bohnensuppe auch vegan ist und keine versteckten Dinge intus hat. Deshalb IMMER das Kleingedruckte lesen...)

Curry

Salz

Pfeffer

Chillipulver

Sojasauce

Majoran

Petersilie

Schnittlauch

Wasser

Zubereitung:

Zunächst einmal (und das gilt für alle gekauften Produkte) solltet ihr den Strichcode durchstreichen, um die negativen Schwingungen durch das Scannen des Strichcodes zu entfernen. Ich sage immer: „Jesus Christus ist Sieger!", denn ER hat die höchste Schwingung und reinigt alles.

Danach öffne ich die Dose (wir haben festgestellt, dass die Öffner, die es früher gab, langlebiger sind, deshalb haben wir auch immer zwei Dosenöffner dabei.)

Der Inhalt wird in einen Topf gegeben. Je nachdem, ob es für eine oder zwei Personen sein soll, gebt ihr noch Wasser hinzu.

Ich koche die Suppe auf dem Gaskocher und gebe am Anfang nur Salz hinzu. Alle anderen Gewürze und auch die Sojasauce gebe ich erst dann hinzu, wenn die Suppe gekocht ist.

Ich lasse sie maximal 5 Minuten kochen, dass reicht meiner Meinung nach. Wir haben alle Gewürze, wenn wir unterwegs sind, immer in Streuern dabei.

Guten Appetit!

Bambusnudeln und grüne Schnittbohnen aus der Dose

Dieses Rezept entstand, da ich kurzfristig etwas kreieren musste, da die Kinder Hunger hatten. Gut, Bambusnudeln müssen nicht gekocht werden, sondern brauchen nur mit heißem Wasser übergossen werden und sind nach wenigen Minuten essbar.

Zutaten:

1 Packung Bambusnudeln

1 große Dose Schnittbohnen (ca. 800 Gramm)

Salz

Pfeffer

1 Packung passierte Tomaten (ca. 330 Gramm)

Majoran

Kräuter der Provence

Zubereitung:

Wie gesagt, die Bambusnudeln werden im Topf mit heißem Wasser übergossen.

Die Schnittbohnendose wird geöffnet und die Flüssigkeit wird abgegossen.

Die Schnittbohnen können erhitzt oder aber auch kalt gegessen werden.

Die passierten Tomaten werden mit einer Tasse Wasser in einem Topf erwärmt.

Das Salz kommt sofort hinzu und die restlichen Gewürze werden erst dazu gegeben, wenn die Sauce fertig ist.

Das Essen ist sehr schnell fertig und schmeckt unserer Meinung nach sehr lecker!

Guten Appetit!

Kidneybohnen mit Kartoffelpüree

Auch dieses Rezept wurde durch Resteverwertung entdeckt.

Die Kidneybohnen sind überaus gesund und gut für die Nieren (da sie ja diese Form auch haben).

Das Kartoffelpüree (4 Packungen in einer Schachtel) ist eine vegane Ausführung. Bitte darauf achten, dass ihr solche kauft.) Wir haben für die Kinder einige gebunkert, da sie oft dieses Verlangen danach haben.

Wer eine Sauce möchte, kann eine kreieren (siehe meine Saucenrezepte)

Unsere Kiddies wollen immer nur veganen Ketchup dazu, in den Currypulver eingerührt wird...)

Zutaten:

Kidneybohnen (330 Gramm Dose)

Kartoffelpüree (sind 4 Tüten drin. Wir sind 4 Personen...)

Ketchup

Currypulver

Salz, Pfeffer

Petersilie

Zubereitung:

Die Kidneybohnendose wird geöffnet und die Bohnen im Sieb gewässert.

Das Kartoffelpüree kommt mit der entsprechenden Menge an Haferdrink (siehe Beschreibung der Verpackung) in eine große Schüssel. Wir machen es so, dass die gesamte angegebene Menge von Haferdrink und Wasser abzüglich 100ml Wasser in die Schüssel kommt. So wird das Kartoffelpüree am Ende schön fest und nicht so labbrig...

Jetzt werden die vier Tüten mit dem Pulver nach und nach dazu gegeben, während ich den Schneebesen schwinge und alles stromfrei verrühre. Ist ein Klacks, dauert nicht lange. Da zum Haferdrink heißes Wasser dazu kam, ist der Kartoffelpüree auch sofort essbereit.

Wenn die Kidneybohnen kurz vorher erhitzt wurden, ist das Essen ruckzuck fertig.

Das Kartoffelpüree wird jetzt noch gewürzt und dann kommen nach Belieben der Ketchup und das Currypulver hinzu.

Eigentlich ein typisches Kinderessen, was uns als Eltern aber auch sehr gut schmeckt...

Guten Appetit!

Champignonpfanne mit Kartoffeln und Sojageschnetzeltem

Dieses Rezept ist eine Abwandlung eines Rezeptes, welches meine Mutter immer gemacht hat. Ich hab eine vegane Variante davon kreiert.

Es ist auch recht einfach zu erstellen. Das Einzige, was ihr in größerer Menge euch horten solltet, wenn ihr einen Fleischersatz möchtet: Sojamedaillons und Sojageschnetzeltes. Beide Produkte gibt es in einem Discounter, der eine große Auswahl hat oder im Bioladen, bzw. im Reformhaus.

Zutaten:

500 Gramm Sojageschnetzeltes

1 Dose Champignons (1.Wahl) entweder aus der Dose oder dem Glas

1 Zwiebel

1 Knoblauchzehe

10 Kartoffeln

Curry

Chillipulver

Salz

Pfeffer

Petersilie (gefriergetrocknet)

Zubereitung:

Zuerst werden die Kartoffeln geschält und dann entweder gekocht mit etwas Salz oder in der Pfanne als rohe Bratkartoffeln zubereitet. Je nach eurer Wahl. Ich mag die Pfannenversion lieber. An die Bratkartoffeln kommt jetzt etwas Salz und die restlichen Gewürze dazu.

Dann solltet ihr das Sojageschnetzelte mit Wasser oder einer Gemüsebrühe 10 Minuten kochen. Danach abtropfen lassen und in eine Pfanne geben. Jetzt mit etwas Öl goldbraun braten. Die Kunst ist, alle Pfannen zur gleichen Zeit fertig zu bekommen. Mit etwas Übung bekommt man es auf einem Holzkohleofen aber hin. (Wer mag, kann es auch auf dem Gaskocher tun)

In einer separaten Pfanne werden die Champignons mit etwas Palmin oder Kokosöl schön angebrutzelt.

In einer weiteren kleinen Pfanne wird die Zwiebel goldgelb angebraten und am Ende kurz der Knoblauch hinzugegeben.

Wenn ihr Bratkartoffeln gemacht habt, gebt sie auf einen Teller (oder zwei) und die Champignons und das Sojageschnetzelte dazu. Dann die Zwiebeln mit dem Knoblauch hinzu und schon ist das Menü fertig.

Guten Appetit!

Kidneybohnen-Salat

Dieses Rezept entstand, als ich aus Mangel an Alternativen wenig in der Campingküche zur Verfügung hatte.

Zwei Dosen Kidneybohnen waren da, sowie Gewürze und einige Kleinigkeiten. Daraus entstand jener superleckere Salat...

Zutaten:

2 Dosen Kidneybohnen (für 4 Personen)

1 Zwiebel

Apfelessig

1 Dose Kokosmilch

Salz

Pfeffer

Chillipulver

Petersilie (gefriergetrocknet)

Zubereitung:

Die beiden Dosen Kidneybohnen werden geöffnet, im Sieb gewässert und anschließend in eine Schüssel gegeben.

Die Zwiebel wird geschält und dann in Ringe geschnitten und in der Pfanne angebraten.

Wenn sie fertig sind, kommen sie zu den Kidneybohnen in die Schüssel. Jetzt kommt etwa 1 TL Salz, etwas Pfeffer aus der Mühle, 100 ml Apfelessig und 1 EL Sonnenblumenöl hinzu. Die Dose Kokosmilch wird geöffnet und der Rest kommt in die Schüssel. Alles wird abgeschmeckt. Jetzt nach Gefühl ein wenig Chillipulver hinzugeben und zum Schluss die Petersilie.

Guten Appetit!

Pellkartoffeln mit Knoblauch-Chilli-Dip

Wieder so ein Rezept, dass aus der Not heraus kreiert wurde. Mit Not meine ich Mangel an Lebensmitteln während der Campingtour. (Ich grinse gerade beim Schreiben...)

1 Kg Kartoffeln war noch da, sowie Knoblauch und Chilli.

Was tun? Nun, dass hier...

Zutaten:

1 kg Kartoffeln

Chillipulver

5 Knoblauchzehen

1 Flasche Ketchup

2 TL mittelscharfen Senf (weil es doch Spaß macht, seinen Senf dazu zugeben...)

Zubereitung:

Zuerst die Kartoffeln waschen und dann in kochendem Wasser etwa 15 – 20 Minuten kochen.

Ihr müsst sie testen, ob sie schon gar sind.

In der Zwischenzeit nehmt ihr die Flasche Ketchup und entleert sie in eine Schüssel. Ihr gebt ½ TL Chillipulver hinzu, zwei Löffel mittelscharfen Senf und die 5 Knoblauchzehen, die ihr vorher ganz klein geschnitten habt.

Die Kartoffeln abpellen und dann etwas abkühlen lassen.

Wir haben dann den Salzstreuer mit dem guten Steinsalz neben die Schüssel mit dem Dip gestellt.

Gutes Gelingen! Guten Appetit!

Kokos-Curry Nudelsalat

Ein Klassiker etwas umgewandelt, wie ich ihn aus der Jugend kenne. Halt die Vegane Variante, der vegetarischen Version...

Probiert es unbedingt aus, der Geschmack ist der Hammer...

Zutaten:

500 Gramm Fussili Nudeln (ihr könnt auch andere nehmen, aber ich finde diese ideal für Nudelsalat)

1 Dose Kokosmilch

1 TL Chillipulver

2 TL Currypulver

Salz

Pfeffer aus Pfeffermühle

Kräuter der Provence (aus dem Streuer)

10 Cornichons - Gürkchen

Zubereitung:

Zuerst werden die Nudeln al dente gekocht. Sie müssen bissfest sein, sonst wird der Nudelsalat zu weich, finde ich.

Jetzt wird auf die heißen Nudeln der Inhalt der Kokosmilch-Dose entleert und alles vermischt. Mit Salz, Chillipulver, Curry und den Kräutern der Provence abschmecken.

Das Ganze muss jetzt 3-4 Stunden an dem kühlsten Ort den ihr habt, durchziehen.

Jetzt kommen etwa 10 Cornichons Gürkchen in ganz kleine Stücke geschnitten, hinzu.

Alles noch einmal vermengen und servieren.

Guten Appetit!

Kartoffelpfanne rustikal

Auch dieses Rezept entstand, indem ich alles hineingab, was gerade auf dem Campingplatz in unserer „Küche" vorhanden war und es schmeckte oberlecker.

Gut, dass ich mir meine Rezepte, die ich kreiere, immer aufschreibe...

Zutaten:

1 kg Kartoffeln

1 Glas schwarze Oliven (entsteint)

Basilikum (aus dem Streuer)

2 EL Apfelessig

Kokosöl

Salz

½ Packung passierte Tomaten (die noch vom Vortag übrig war) 2-3 frische Tomaten gehen natürlich auch...

1 TL Sojasauce

Pfeffer (aus der Mühle)

Zubereitung:

Zuerst die Kartoffeln waschen und dann in dünne Scheiben schneiden und diese dann in Kokosöl oder Palmin anbraten.

Wenn die Bratkartoffeln fertig sind, werden sie gesalzen und mit den passierten Tomaten gemischt. So werden die Tomaten erwärmt und die heißen Kartoffeln kühlen sich ab.

Jetzt kommen die schwarzen Oliven hinzu (nachdem die Flüssigkeit im Glas abgegossen wurde)

Pfeffer, die Sojasauce und 2 EL Apfelessig dazugeben und ihr habt einen sehr außergewöhnlichen Geschmack...

Guten Appetit!

Sojageschnetzeltes Gyros

Ja, auch als Veganer kann man stromfrei eine Gyros Variante erstellen...

Hier ist mein Rezept dafür...

Zutaten:

500 Gramm Sojageschnetzeltes

3 EL Gyros Gewürz (im Streuer oder der Tüte) kann man im gut sortierten Discounter kaufen. Achtet auf vegane Zutaten...

2 Zwiebeln

Zitronensaft (aus der Plastikflasche, es sei denn, ihr kommt an frische Zitronen heran)

1 Dose Kokosmilch

Chillipulver

Salz

Pfeffer

1 Knoblauchzehe

Zubereitung:

Das Sojageschnetzelte in 10 Minuten Gemüsebrühe weichkochen. Danach gut abtropfen lassen und in einer Panade des Gyros Gewürz wälzen und dann in einer Pfanne mit Kokosöl oder Palmin knusprig anbraten.

Die Zwiebeln in Scheiben schneiden, Knoblauch ganz klein schneiden, beides in der Kokosmilch wälzen, Pfeffer, Salz, Zitronensaft und Chillipulver hinzugeben. Alles auf einen Teller (oder auf mehrere servieren und dazu das Gyrosgeschnetzelte tun und alles servieren.

Hat einen wunderbaren Geschmack finden wir.

Guten Appetit!

Linsen-Bratlinge mit Dampf dahinter

Wenn ihr das Rezept lest, werdet ihr wissen, was ich damit meine...

Bei uns kam da schon „Feuer aus dem Hintern", beim Gang zum Örtchen...

Zutaten:

1 Dose Linsen (die sind eingeweicht und könnten theoretisch auch so kalt gegessen werden – falls ihr noch etwas sucht, dass nahrhaft und trotzdem lecker ist...) Jeder gute Prepper hat mindestens 50 Dosen davon vorrätig...

Mehl (zum Binden)

1 TL Salz

Etwas Pfeffer

½ TL Sojasauce

1 TL Chillipulver

½ TL Currypulver

5 Tropfen Schwarzkümmelöl

Semmelbrösel

Zubereitung:

Nachdem mir mehrere Versuche nicht so richtig gelungen sind, habe ich dann Mehl und Semmelbrösel zum Binden genommen und dann ging es.

Zuerst müsst ihr die Brühe der Linsensuppe komplett abgießen und dann die Linsen in eine Schüssel geben. Jetzt kommen Salz, Pfeffer, Chillipulver, Currypulver und das Schwarzkümmelöl dazu.

Jetzt wird so viel Mehl hinzugegeben, bis es eine homogene Masse wird. Das Ganze kann man, wenn man will, eine Stunde ziehen lassen.

Jetzt werden die Linsen-Bratlinge in den Semmelbröseln gewendet und dann in reichlich Kokosöl oder Palmin ausgebacken.

Vorsicht: Feurig scharf!

Guten Appetit!

Nudelsuppe a la Tropeninsel

Ja, liebe Leser, diese Nudelsuppe entstand wie? Genau: Aufgrund von wenig Lebensmitteln auf dem Campingplatz...

Zutaten:

500g Spaghetti (die ganz klein gebrochen werden für die Nudelsuppe halt...)

Gemüsebrühe

Salz

Pfeffer

3 EL Kokosmilch

Petersilie (gefriergetrocknet)

1 TL Currypulver

1 Knoblauchzehe

Zubereitung:

Die Spaghetti-Nudeln werden wie gesagt, ganz klein gebrochen. Da haben Kiddies oft Bock drauf, lasst sie das ruhig machen, wenn ihr Kiddies habt)

Gebt sie in einen Topf und füllt ihn mit Wasser. Wir haben es immer so gemacht und nicht erst die Nudeln hinzugegeben, wenn das Wasser sprudelt.

Etwa 8-10 Minuten, nachdem das Wasser gekocht hat, sind die Nudeln weich.

Jetzt kommt die Gemüsebrühe (etwa 3-4 EL) hinzu. Die Knoblauchzehe sollte vorher so klein wie möglich geschnitten worden sein. Das Salz, Pfeffer, Petersilie und das Currypulver kommen jetzt hinzu (der Topf wurde vom Ofen vorher genommen).

Zum Schluss wird mit der Kokosmilch garniert.

Ihr gebt die Nudelsuppe in die Teller und gebt dann je einen Löffel (oder bei Bedarf auch zwei) vorsichtig in die Suppe.

Sieht super aus und schmeckt Klasse!

Guten Appetit!

Saft „auweia"

Ja, hier haben wir auch Reste gemischt und zum Glück das Mischungsverhältnis aufgeschrieben...

Zutaten:

100 ml Multivitaminsaft aus der Flasche

3 EL Kokosmilch

100 ml Pflaumentrunk

250 ml Wasser (kann auch medium Mineralwasser sein, dann prickelt es mehr beim Trinken)

1 Glas Birnenkompott

1 TL Salz

5 EL Zuckerrübensirup

250 ml Apfelsaft

Zubereitung:

Alle Zutaten werden in ein großes Gefäß gefüllt, in das man noch mit dem Schneebesen hineinkommen kann.

Alles wird verrührt und falls ihr Mineralwasser nehmt, sollte dieses erst nach dem Verrühren dazu gegeben werden.

Solltet ihr eure Liebsten oder Freunde damit überraschen wollen, so lasst sie zuerst einmal mit verbundenen Augen es probieren.

Sie werden Mega überrascht sein, denn ihre Gaumen und ihre Zungen werden einerseits eine Art Glücksgefühl erleben und andererseits diese Geschmacksflutung nicht einstufen können.

Wer es noch exquisiter braucht, gibt noch 1-2 Tropfen Schwarzkümmelöl hinzu.

Der Gaumen scheint in ein Chaos aus Freude und Verwirrtheit zu versinken...

Guten Appetit!

Sauerkraut mit Birnen

Ja, ihr Lieben, jetzt plaudere ich aus dem Nähkästchen, wie man so schön sagt.

Dieses Rezept ist ebenfalls ein „Wow" Gefühl für den Gaumen!

Zutaten:

1 Dose Weinsauerkraut

1 Dose Birnen

5 EL Zuckerrübensirup, Ceylon-Zimt

½ TL Chillipulver

Zubereitung:

Zuerst wird die Dose mit dem Sauerkraut geöffnet und der Inhalt mit etwa 200 ml Wasser in einem Topf zum Kochen gebracht.

Während dessen wird die Dose mit den Birnen geöffnet und sie werden vom Saft getrennt.

Bitte den Saft weder wegkippen, noch austrinken, denn er wird noch benötigt.

Der Birnensaft wird mit dem Chillipulver gemischt und dann über das Sauerkraut gegossen. Das fertige Sauerkraut dann auf Teller servieren und die Birnenhälften so drapieren, dass sie gerade auf dem Rücken liegen.

In die Mulden wird jetzt der Zuckerrübensirup eingefüllt und dann mit Ceylon-Zimt bestreut.

Ein umwerfendes Geschmackserlebnis der besonderen Art!

Guten Appetit!

Nasi Goreng in veganer Variante

Habt ihr schon einmal Nasi Goreng gegessen? Ich hatte es, aber das ist schon so lange her, da war ich noch Jugendlicher...

Ich hatte damals das Hühnchenfleisch immer rausgepickt...

Zutaten:

250 Gramm Reis (ihr könnt auch mehr nehmen, aber dieses Rezept ist für diese Menge abgestimmt)

1 Packung Kichererbsen

1 Dose Cashewkerne (wir haben leider nur die gesalzenen da, weil die Kinder sie so lieber mögen. Für dieses Rezept habe ich sie gewaschen und dann zur Seite gelegt)

3 TL Sojasauce

2 Tropfen Schwarzkümmelöl

3 TL Currypulver

1 mittelgroße Zwiebel

2 Knoblauchzehen

2 TL Salz

½ TL Chillipulver (das seid ihr ja schon von mir gewohnt)

Zubereitung:

Ihr benötigt dafür zwei Pfannen. In Pfanne 1 werden die Cashews angeröstet. Ich habe es zuerst mit Kokosöl probiert und danach ohne und es geht beides, aber ihr müsst aufpassen, dass sie nicht anbrennen. (Bitte stehenbleiben und aufpassen!) Den Reis wie immer kochen. Etwa ½ Liter Wasser mit dem Reis köcheln lassen, bis das Wasser aufgesaugt ist. Wenn ihr Beutel nehmt, sollte es nach spätestens einer Viertelstunde fertig sein. Statt Cashews habe ich auch mal

Erdnüsse und Walnüsse probiert, beides ist nicht so der Hit...
Das nur so am Rande...

Ihr gebt jetzt alles in eine Pfanne, in der schon die Zwiebel glasiert wurde und durch das Currypulver entsteht Curryreis. Alles etwa noch 5 Minuten in der Pfanne abbrutzeln in Kokosöl oder Palmin.

Guten Appetit!

Reibekuchen mit Sirup/Curry Sauce

Ja, auch die guten alten Reibeplätzchen oder Reibekuchen kommen natürlich zum Einsatz. Ich habe sie seit meiner Jugend immer ohne Ei gemacht, da ich mich als Kind schon vor Eiern ekelte. Wenn ich den Dotter schon sah... Brrr...

Zutaten:

10 große Kartoffeln

Haferflocken

Kokosöl oder Palmin

Zuckerrübensirup

1 Zwiebel

Currypulver

Kichererbsen Mehl (zum Binden)

Salz

Pfeffer

Zubereitung:

Die Kartoffeln werden gewaschen, geschält und dann mit der feinsten Reibe ganz fein gerieben (in eine Schüssel).

Jetzt gebe ich 3 EL Kichererbsen Mehl und 3 EL Salz und etwas Pfeffer hinzu.

Das Ganze wird jetzt zu einem Reibekuchenteig zusammengeknetet. Sollte es noch nicht fest genug sein, so gebt noch etwas Kichererbsen Mehl hinzu, bis der Teig fest genug ist, um ihn herauszubacken.

Die Pfanne wird mit Kokosöl oder Palmin erhitzt und dann werden die Reibeplätzchen ausgebacken.

Zum Servieren wird ein Teelöffel voll Sirup auf jeweils ein Plätzchen gegeben und eine Prise Currypulver obenauf.

Guten Appetit!

Grieß Pudding mit Zuckerrübensirup

Gerade wenn die Kinder schier am Durchdrehen sind, weil ihnen die Decke auf den Kopf fällt und sie nicht raus dürfen, könnt ihr ihnen dieses Rezept kredenzen.

Sie werden sich alle zehn Finger danach schlecken...

Zutaten:

1 Liter Haferdrink

10 EL Grießpulver (wir nehmen den Weichweizengrieß)

Zuckerrübensirup

2 Tropfen Schwarzkümmelköl

½ TL Salz

2 EL Backkakao

Zubereitung:

Zuerst solltet ihr den Haferdrink zum Kochen bringen und dann zügig den Grieß unter ständigem Umrühren hinzugeben.

Wichtig ist, dass er danach sofort nur noch köchelt. Etwa einige Minuten. Jetzt mit einem Löffel 5 EL Zuckerrübensirup hinzugeben.

Schmeckt einmal ab. Jetzt kommen das Salz und das Schwarzkümmelöl hinzu.

Wieder abschmecken. Wenn es euch noch nicht süß genug ist, gebt noch etwas vom Sirup hinzu.

Es ist eine Gaumenfreude, finden wir.

Schmeckt am besten etwas abgekühlt oder nach einigen Stunden total kalt...

(Das kommt davon, wenn man ein Krisen Buch mit Rezeptteil schreibt und die Kiddies schauen können... Ich darf nachher diese leckere Speise erstellen... Mach ich doch gern!)

Guten Appetit!

Champignons-Spargel-Pfanne

Ja, auch so etwas ist möglich, wenn man genügend Leckereien eingebunkert hat.

Schaut mal...

Zutaten:

1 Glas Spargel

1 Dose Champignons (1.Wahl)

Semmelbrösel

Cashewnüsse (aus der Dose)

Salz

Zubereitung:

Zuerst die Champignons aus der Dose oder dem Glas befreien und dann in eine Pfanne geben, die schon mit Kokosöl oder Palmin vorgeheizt wurde.

Wenn die Champignons schon so ¾ fertig sind, kommen die Cashewnüsse hinzu.

Sie sollten vom Salz befreit sein.

Wenn alles fast fertig ist, wird der Spargel hinzugegeben.

In einer zweiten Pfanne wurde das Kokosöl schon erhitzt und es kommen 4 EL Semmelbrösel hinein, die vorher mit 2 EL Salz kurz angeröstet werden.

Ihr gebt alles auf zwei Teller und dann die angerösteten Semmelbrösel oben drauf.

Oberlecker!!!

Guten Appetit!

Zwiebel-Ananas-Kokos-Pfanne

Ja, ihr lest richtig! Wieder so Experiment, dass aus Zeitmangel geboren wurde und oberlecker schmeckt!

Zutaten:

2 große Zwiebeln

1 Dose Ananas-Stücke (Scheiben müsst ihr halt klein schneiden)

1 Dose Kokosmilch

Salz

Curry

3 Scheiben Pumpernickel Dosenbrot

Zubereitung:

Zuerst müsst ihr die Zwiebeln schneiden und dann in Scheiben schneiden.

In der Pfanne wird das Ganze mit Kokosöl oder Palmin glasig geröstet.

Jetzt kommen die Ananasstücke in die Pfanne (mit 4 EL von dem Leckeren Saft). Es ist so eine Art ablöschen der Zwiebeln. Das Ganze lasst ihr dann noch etwa 3 Minuten köcheln, bis der

Saft etwas verkocht ist. Jetzt kommt die Kokosmilch hinzu und Salz und Pfeffer.

Jetzt habt ihr die Wahl: Ihr könnt es nach etwa 2 Minuten als Suppe servieren oder noch weitere 3 Minuten köcheln lassen, bis es etwas fester in der Konsistenz ist und dann auf den Teller geben und 2-3 Scheiben Pumpernickel Dosenbrot dazu essen.

Guten Appetit!

Rumkugel-Naschereien

Ja, auch dieses Rezept entstand aus Mangel an anderen Zutaten.

Nun, die Kiddies wollten, dass ich ihnen vegane Rumkugeln ohne Alkohol machen sollte, weil ich mal erzählte, wie einfach das eigentlich ist. Die Geschäfte hatten schon zu und ich musste mir was einfallen lassen...

Zutaten:

2 EL Backkakao

Haferdrink

Salz

1 Fläschchen Rum-Aroma

1 Rolle vegane Doppelkekse

Eine Tüte Kokosraspeln

Zubereitung:

Zuerst müsst ihr die Kekse so klein wie möglich zerbröseln und dann nach Gefühl mit dem Haferdrink auffüllen, bis ihr mit den Händen beim Durchkneten eine homogene und feste Masse habt.

Ich habe letztes Mal etwa eine ¾ Tasse Haferdrink dafür gebraucht.

Jetzt gebt ihr das Rum-Aroma, den Backkakao und das Salz hinzu. Solltet ihr zu viel Haferdrink genommen haben (ist mir beim ersten Mal auch passiert, habe ich es mit Kokosflocken gestreckt, bis die Masse fest war.)

Jetzt sollte es an einem kühlen Ort eine halbe Stunde stehen. Dann formt ihr Kugeln daraus und wälzt sie in den Kokosraspeln.

Schmeckt einfach klasse!

Guten Appetit!

Marzipankugeln

Ja, auch das wird immer wieder einmal von mir verlangt, dass ich es mache...

Naja, bei zwei Naschkatzen-Kiddies...

Zutaten:

150 Gramm Zucker

50 Gramm Puderzucker

1 Fläschchen Marzipan-Aroma

1 Tüte gemahlene Mandeln

Backkakao

50 Gramm Zuckerwasser

Zubereitung:

Der Zucker, der Puderzucker, die gemahlenen Mandeln und das Zuckerwasser werden miteinander mit der Hand verknetet.

Jetzt kommt das Marzipan-Aroma noch dazu.

Alles gut einige Minuten verkneten, bis der Teig zwar geschmeidig, aber doch schon recht fest ist.

Das Ganze jetzt etwa 1 Stunde abgedeckt an einem dunklen Ort gehen lassen.

Nach dieser Zeit holt ihr den Teig hervor und formt daraus Marzipankugeln.

Diese wälzt ihr dann in Backkakao oder gebt das Kakaopulver mit einem Sieb über die Marzipankugeln.

Ideal als Geburtstagsgeschenk oder zu Weihnachten in schlechten Tagen...

Guten Appetit!

Dinge, die man in der Krise als Veganer haben könnte:

Wasser in großen Mengen, Konserven (Bohnen, Erbsen und Möhren, Mais (auf genfrei achten), Linsen, Erbsen, Senf, Kokosmilch, Rotkohl, Sauerkraut, Grünkohl, pürierte Tomaten, vegane Suppen), verschiedene Sorten von Nudeln (ohne Ei), Reis, Kartoffeln, Zwiebeln, Haferflocken, Sojasauce, Buchweizen, Buchweizenmehl, Cornflakes, Dosenbrot, Reiswaffeln, Hafergetränke oder andere Milchersatz Getränke, Süßigkeiten für Kinder, Bitterschokolade, Erdnussbutter, Kakaopulver, Marmeladen, Nuss-Nugat Creme (vegan), Alsan Margarine (als Butterersatz), vegane Brotaufstriche, Rote Beete im Glas, Pflaumenaufstrich, Apfelmus, Birnenkompott, Knäckebrot, Teesorten verschiedene, Spargel im Glas, Tofu, verschiedene Bonbons, selbstgemachte Säfte, eingeweckte Dinge, Mandeln, verschiedene Nüsse, Datteln, Oliven im Glas, Kartoffelchips (auf vegan achten), Apfelsaft, Obst und Gemüse (wenn man sie noch kaufen/tauschen kann oder aus eigenem Anbau), Gewürze, gutes Salz (ohne Jod oder andere Zutaten), Zucker, Zuckerrübensirup, verschiedene Mehlsorten (gut verpacken), Körner plus Mühle zum selber mahlen, Brotbackmischungen, Zwiebelpulver, Knoblauchpulver, Essig in Flaschen, Gurken in Gläsern, Hefe, Backpulver, Natron, verschiedene Öle, Agavendicksaft, Palmin oder Kokosöl ist gut für den Körper beim Anbraten, Klinoptilolith-Zeolith Pulver in reinster Form zur Entgiftung des Körpers und Haltbar-machung von Wasser, Bentonit Pulver für den Körper, Spirulina Algen als B12 Energie für den Körper, Chlorella Algen helfen beim Entgiften, Vitamine, Mineralien und Nahrungsergänzungsmittel, Wasserfilter (gibt es auch ohne Strom), ausreichend Töpfe und Pfannen möglichst mit Glasdeckel, Kerzen (möglichst weiß, da Weiß die reinste Farbe ist und alle anderen Farben beinhaltet. Ihr könnt sie von GOTTVATER segnen lassen mit dem Gebet: **Danke geliebter VATER, dass Du diese Kerze(n) segnest. Amen. Jesus Christus ist Sieger!**), Feuerzeuge, Streichhölzer, Feuerstein (Anzünder), Holz für den Kaminofen, Holzofen Anzünder, Gaskocher mit Anschluss für 5kg oder 11 kg Gasflasche, passende Gasflaschen dazu (sollten gefüllt sein), Campingkocher mit Kartuschen, Essbesteck, Campingteller, Campingtassen, Feldflasche, Notfallrucksack, ausreichend Trinkwasser, Wasser in Regentonnen mit Deckel drauf, Camping-Toilette, oder anderweitige Möglichkeit auf Toilette zu gehen, Klappspaten, ausreichend Werkzeug aller Art, vor allem das, was keinen Strom braucht, Fahrrad oder auch mehrere, Flickzeug, Ersatzschläuche, Fahrradschloss, Fahrradtaschen für den Gepäckträger, Handkarren zum Ziehen, Getränke anderer Art (z.B. in Kisten oder einzelnen Flaschen zum Trinken oder Tauschen, Petroleumlampe(n), Öl für diese Lampen, Notfallkocher, Teelichter in großen Mengen, Steine für den Bau eines Teelichtofens, Wasserreinigungspulver bzw. Tabs, Taschenlampen (wenn möglich mit Solar-Ladefunktion) oder mit Kurbel zum Aufladen, Kopien aller wichtigen Papiere und Dokumente (möglichst einlaminiert oder in Klarsichtfolien mit Klebeband verpackt), Laptop (möglichst mit einer Möglichkeit, ihn aufzuladen), Handy oder Smartphone haben ja fast alle, außer ich, Es gibt Geräte, wo man mit einer Kurbel ein Akku vom Handy oder Laptop in Fleißarbeit aufladen kann, tragbare oder faltbare Solarzellen, damit kann man auch Strom in kleinen Mengen erzeugen, Wohnwagen entsprechend bestückt oder sogar Wohnmobil (ist aber nur alternativ), ausreichend Ersatzkleidung, vor allem Unterwäsche, T-Shirts, Pullover, winterfeste Kleidung und Schuhe, genügend Socken (auch dickere), lange Unterhosen, Mützen und Basecaps, Sonnenbrillen, optional ein Orgonstrahler, Decken, genügend Kopfkissen und Wolldecken, Wärmflaschen, Handschuhe, Bücher zum Lesen, Kinderbücher (falls ihr kleine Kinder habt), Musik zum hören (per Kurbelladegerät kann man auch Akkus wieder aufladen), eventuell Musikinstrumente, wenn es möglich ist, zu musizieren, selber singen, pfeifen, summen, Textbücher mit Liedertexten, Cremes verschiedener Art (achtet auf die Zutaten), Ersatzkanister mit Benzin oder Diesel, falls ihr fahren möchtet oder ein Notstromaggregat habt…

Dann noch: Pfefferspray, Zwille (Schleuder), Luftmatratzen, Handdosenöffner, Schneebesen, Baby-Ausstattung: Nahrung, Windeln, Feuchttücher, Binden und Tampons für Frauen, Aspirin, benötigte Medizin, die eingenommen werden muss, Aspirin, Äxte, Beile, Hammer, Sägen, Alufolie, Müllbeutel verschiedenster Art, Mülltonne (mit Deckel), Toilettenpapier, Küchenrollen, Saatgut zum einsäen, Feuerlöscher, Erste Hilfe Set, Batterien, Spiele gegen Langeweile, Taschenrechner mit Solar, Stifte, Kugelschreiber, Edding, genügend Schreibblöcke, Schere, Nagelknipser, Shampoo, Seife, Nagelfeile, Zahnbürsten und Zahnpasta, Klebeband, Panzerband, Reparaturband für Dachrinnen (universal einsetzbar und sehr gut klebend. Kann man auch beim Auto einiges flicken), verschiedene Schnüre, Seile, Kordeln, Schlafsäcke, Mausefallen, Gummistiefel, Rasierzeug, Lesebrillen, Laternen mit Kerzen, Klebstoff…..

Denkt an Tauschobjekte wie: Kaffee, Schnaps, Zigaretten, Schokolade… Alles, wonach Menschen „süchtig" sind…

Inhaltsverzeichnis:

Vorwort………………………………………………………………….2

Wie alles begann………………………………………………….4

Getränke……………………………………………………………….7

Vorräte einlagern……………………………………………12

Die Notfall Lebensmittel-Tonne……………………………..17

Das Teelichtofen-Brot………………………………………….21

Der Notfall-Rucksack………………………………………….26

Selbstgebauter Ofen aus Steinen………………………38

Platzsparender Überlebenstipp…………………………40

Der Krisen und (auch) Camping Rezepte-Teil…………41

Dinge, die man als Veganer in der Krise haben könnte….109